O PODER TRANSFORMADOR DO CRISTIANISMO PRIMITIVO

2ª edição

Raul Branco

O PODER TRANSFORMADOR DO CRISTIANISMO PRIMITIVO

EDITORA TEOSÓFICA
Brasília-DF

Título do original:
O PODER TRANSFORMADOR DO CRISTIANISMO PRIMITIVO

Edições em português: 2004, 2009

Direitos autorizados à
EDITORA TEOSÓFICA
SGAS Quadra 603, Conj. E, s/nº
70.200-630 - Brasília-DF - Brasil
Tel.: (61) 3322-7843
Fax: (61) 3226-3703
E-mail: editorateosofica@editorateosofica.com.br
Site: www.editorateosofica.com.br

O PODER TRANSFORMADOR DO
CRISTIANISMO PRIMITIVO

B 816

Brasília, 2009
ISBN 85-85961-86-4

CDD 207

Capa e Diagramação: Silvio Roberto Ferigato
Revisão: Zeneida Cereja da Silva
Impressão: Gráfika Papel e Cores - Fone: (61) 3344-3101
E-mail: papelecores@gmail.com

Sumário

Dedicatória

Dedico esta obra a Edilson Almeida Pedrosa, amigo e companheiro incansável em minha jornada de escritor e buscador da vida espiritual. Edilson é conhecido em seu amplo círculo de relacionamentos por seu total desprendimento, generosidade, integridade, dedicação ao dever e à mais alta ética, constante bom-humor, transparência e sinceridade. Sempre disposto a ajudar a todos que solicitam sua cooperação, procura realizar toda tarefa, seja ela modesta ou importante, de forma meticulosa, como se fosse uma obra de arte a ser exposta para a posteridade. Edilson é um estudioso dedicado da vida espiritual, tendo escrito vários artigos e traduzido obras importantes da tradição cristã. Os momentos de convívio com ele são para mim ocasião de alegria, refrigério e total sintonia. Fico feliz por esta oportunidade de prestar uma homenagem, ainda que singela, a esse amigo excepcional que tanto enriqueceu minha vida.

Convite para um diálogo

Marcelo Barros[1]

Todo livro é um diálogo entre quem escreve e quem lê. Este é, especialmente, um exercício espiritual de diálogo porque, nele, o autor dialoga com o Cristianismo primitivo, fala aos cristãos de hoje e, ao mesmo tempo, reinterpreta essas tradições a partir de uma sensibilidade espiritual mais ampla, independentemente de pertencer ou não a qualquer religião instituída.

Prefaciar um livro é referendá-lo e aceitar ser para o autor como um paraninfo que o introduz em um novo círculo de relações. Estritamente falando, o professor Raul Branco não precisaria disso. É um intelectual e pesquisador muito conhecido em todo o Brasil. Grande conferencista, já trabalhou na ONU e teve o encargo de representar a ONU e o governo brasileiro em diversas conferências internacionais. Sua formação em Economia serve de esteio prático para sua busca interior mais profunda, o que faz dele, hoje, um dos expoentes da Sociedade Teosófica no Brasil. Ali, cada semana, ele coordena um grupo de estudos sobre o Cristianismo Primitivo. Estudou a fundo os fenômenos do Esoterismo e tem como enfoque das suas pesquisas as religiões comparadas. Além disso, é autor consagrado. Livros anteriores seus, como *Os Ensinamentos de Jesus e a Tradição Esotérica Cristã* (Editora Pensamento, 1999) e *Pistis Sophia: Os Mistérios de Jesus* (Editora Teosófica , 2009) já nos preparam para o banquete de erudição e síntese espiritual que é este seu novo livro: *O Poder Transformador do Cristianismo Primitivo.*

O primeiro capítulo se centra sobre a "simplicidade e a diversidade do Cristianismo primitivo". De fato, até, ao menos, o

[1] Marcelo Barros é monge beneditino, teólogo e autor de 26 livros, dos quais o mais recente é "O Espírito vem pelas Águas". Ed. Rede-Loyola, 2003. Email: mosteirodegoias@cultura.com.br

século II, as comunidades ligadas ao "movimento de Jesus" pertenciam a culturas bem diversas. Isso faz com que o cristianismo que aparece refletido no chamado "Evangelho de Mateus" seja bastante diferente do que era vivido pelas comunidades paulinas e mais ainda pelos círculos joaninos. Alguém prefere mesmo falar em "cristianismos primitivos" no plural. Essa diversidade em nada impediu que se mantivesse uma unidade fundamental. Cipriano de Cartago, pastor no século III, dizia: "A unidade abole as separações, mas respeita as diferenças e com elas se enriquece".

O professor Raul discorre bem sobre essas veredas e, depois, como alguém que, afetuosamente, nos toma pela mão, nos conduz aos "ensinamentos do cristianismo primitivo", centrando a atenção especial na proposta espiritual do Cristo aos seus discípulos.

Quem está habituado a ler os estudos sobre as primeiras gerações cristãs, oriundos de meios ligados à Teologia da Libertação achará este livro por demais diferente e mesmo divergente das interpretações de especialistas que fizeram pós-doutorado na matéria aqui no Brasil, como Eduardo Hoornaert, em estudos como "A Memória do Povo Cristão", "O Movimento de Jesus" e "Cristãos da Terceira Geração", mesmo se em alguns princípios e conclusões coincidem, como a crítica ao cristianismo imperial nascido a partir da influência do imperador Constantino no século IV.

A época compreendida neste livro como sendo "cristianismo primitivo" estende-se pelos primeiros séculos, sem atender tanto a diferenças que existiram de uma geração a outra. Para o objetivo desse estudo, isso não tem importância. Aqui o ponto de partida metodológico não é o de um estudo estritamente histórico. Por isso, a abordagem muda e nos conduz a conclusões diferentes. Tais resultados não se contradizem, mas se completam. Nos últimos 25 anos, os estudos dos textos neotestamentários, ao menos nos ambientes de Igrejas cristãs no Brasil, têm sido sempre feitos a partir do contexto histórico. Estudam-se as comunidades e movimentos que estão por trás dos textos e a partir daí se interpreta mesmo o que o Jesus dos Evangelhos diz (que nem sempre é o Jesus histórico). Raul se debruça sobre os textos a partir de seu conhecimento dos círculos esotéricos. Já vários autores cristãos e não cristãos escreveram sobre a dimensão mística e mesmo esotérica presentes em alguns grupos e textos do cristianismo primitivo e como isso foi posteriormente esquecido ou mesmo censurado. Agora, nestas páginas do Raul, este veio espiritual é novamente valorizado e vem enriquecer nossa forma de abordar os textos antigos.

Para mim, que trabalho no diálogo entre as diferentes tradições espirituais e desenvolvo uma Teologia do Pluralismo cultural e religioso, alguns trechos deste livro me recordam a teologia de Raimundo Panikkar. Por exemplo, a insistência em sublinhar o "Cristo interior", "Cristo em nós" como essa presença divina que vai muito além da tradição cristã e se encontra em qualquer outro caminho espiritual. Desculpem-me de citar um de seus textos: "Os cristãos têm razão de falar do Cristo e não somente de Deus, porque Deus não se fecha em si mesmo e sobre ele mesmo. Volta-se para a humanidade e para o mundo com os quais quer entrar em comunhão. É isso que significa o termo 'Cristo'. Cristo é absolutamente único e "universal símbolo vivo para a totalidade da realidade, humana, divina, cósmica. Está no centro de tudo o que existe. É o ponto de cristalização, de crescimento e reunião de Deus, da humanidade e de todo o cosmo em seu conjunto. É a ação histórica da divina Providência que inspira a humanidade por diferentes caminhos e conduz a vida humana à sua plenitude". O mesmo Cristo que tomou forma e corpo em Jesus de Nazaré pôde tomar corpo sob outros nomes ainda: Rama, Krishna, Purusha, Tathagata, etc. Jesus tem lugar em uma série de incorporações do mesmo Cristo. "Jesus é o Cristo, mas o Cristo não é somente Jesus"[2].

Ao ler *O Poder Transformador do Cristianismo Primitivo*, você vai compreender ainda melhor essa verdade. Quem saboreia es-

---

2 R. PANNIKAR, *Le Christ et l'Hindouisme: une presence cachée,* Paris, Centurion, 1972, Le Dialogue intra-religieux, Paris Aubier, 1985.

tas páginas, mais do que nunca concordará: da fé e do sagrado, ninguém pode ser mais do que amante que se põe a serviço. Do que é divino, não há título de propriedade. Só acesso gratuito para toda busca que engravida o coração.

Os cristãos mais habituados à "reta interpretação da doutrina" estranharão, uma vez ou outra, algumas intuições e não concordarão com certas conclusões. Acho isso positivo e fecundo. Tome como um exercício espiritual escutar uma interpretação diferente da sua fé. Para mim, foi muito enriquecedor, conhecer essa abordagem da minha tradição por alguém que, de certa forma, a estuda "de fora" ou, ao menos, não a partir da Igreja.

Este novo livro do Raul é um presente de amor para você que o lê e para todo mundo que busca a Paz através do diálogo e da superação das intransigências, discriminações e fundamentalismos. Espero que, ao terminar de saboreá-lo, você possa confirmar o que, em 1969, o monge beneditino Thomas Merton disse na conferência inter-religiosa entre monges cristãos e budistas em Calcutá: "O nível mais profundo da comunicação não é a comunicação, mas a comunhão. Ela é sem palavras. Ela está além das palavras, além dos discursos, além dos conceitos. Neste grupo, não estamos descobrindo uma unidade nova. Descobrimos uma unidade antiga. Queridos irmãos e irmãs, nós já somos Um. Mas imaginamos não ser. O que temos de reencontrar é nossa unidade original. Apenas temos de ser o que já somos" [3].

---

[3] *Extemporaneous Remarks*, Thomas Merton, citado por JEAN-CLAUDE BASSET, *Le Dialogue Interreligieux,* histoire et avenir, Paris, Ed. du Cerf, 1996, p. 122.

1

INTRODUÇÃO

Jesus foi um dos maiores revolucionários de todos os tempos. Sua ação insidiosa, porém, não estava voltada para a luta de classes. Tampouco dedicou suas energias para promover a expulsão dos opressores estrangeiros do povo judeu, como os zelotes, seita judaica que lutou contra as forças romanas, e que foi aniquilada no massacre de Massada no ano 73 de nossa era. Afinal de contas, isso não deve nos surpreender, pois, como ele disse reiteradamente, seu reino não era deste mundo. Mesmo assim, seu ministério causou uma revolução radical na vida humana, uma revolução que continua mesmo depois de dois mil anos, porque seu impacto é permanente, pois ele pregava e empregava as armas invencíveis do amor e da verdade para conquistar os corações humanos, mesmo quando entrincheirados por trás das sólidas barreiras da vida mundana.

Qual foi então o caráter da revolução que ele iniciou? A grande transformação revolucionária que promoveu foi de cunho espiritual. O irônico, porém, é que o objetivo central de sua pregação não era trazer algo inteiramente novo ao povo judeu e, por meio dele, ao resto do mundo. A essência de seu ministério era promover o retorno ao objetivo básico de todo movimento espiritual em sua origem, ou seja, a **experiência de Deus** no interior do homem. Os grandes instrutores e profetas como Jesus geralmente não fundam religiões. Essa tarefa tende a ser realizada por seus seguidores numa tentativa de institucionalizar os ensinamentos de seu Mestre, para melhor conservá-los e disseminá-los. Ainda assim, a história indica que, com o passar do tempo, as religiões tendem a minimizar a experiência mística interior preconizada em seus primórdios e a dar ênfase aos rituais externos e à obediência das doutrinas estabelecidas pelos hierarcas. Existe uma clara analogia desse processo na natureza física: as águas de um rio são puras e cristalinas perto de sua nascente, mas vão perdendo sua pureza original ao longo do curso com a introdução de sedimentos e poluentes de vários tipos.

Ao comentar o ministério de Jesus, padre Marcelo Barros[4] sugere que "Jesus foi um profeta judeu que, como outros profetas e mais do que todos os profetas antigos, insiste na chegada iminente do que ele chama de 'Reino de Deus', uma transformação radical do mundo e de todo ser humano, em todas as dimensões da vida, interior e social, pessoal e coletiva, dos corações e das estruturas da sociedade, mas a partir de dentro, através da 'conversão.' Ele não veio fundar uma nova religião. Sua proposta era viver o caminho humano de forma integral e responsável. Ele falou com base em sua cultura religiosa (judaica) de forma nova. O novo que ele trouxe foi a revelação de Deus como amor universal, inclusivo, presente em todas as culturas e religiões, e que ama gratuitamente. Deus como energia da solidariedade e paz, presente e atuante nos corações humanos e não distante como alguém externo com o qual as pessoas se relacionavam."

Com o passar do tempo, o afastamento do objetivo primordial da religião, que é sempre a experiência divina interior, gera uma insatisfação da alma que é sentida pelo homem exterior de diferentes formas. Um estudioso sugere: "A crise atual das Igrejas e religiões históricas reside na ausência sofrida de uma experiência profunda de Deus."[5] O homem passa então a procurar explicações e soluções para essa insatisfação interior. Quando isso ocorre, a hierarquia religiosa, em todos os tempos e tradições, temerosa que essa insatisfação possa levar a um afastamento de

---

[4] Irmão Marcelo, como geralmente se apresenta, é um monge da ordem beneditina, prior do convento de sua ordem em Goiás Velho, autor de 26 livros. É um militante do verdadeiro ecumenismo e do diálogo entre religiões. Essa e outras citações, foram oferecidas como comentários a uma versão preliminar deste livro.

[5] Leonardo Boff e Frei Betto, *Mística e Espiritualidade* (S.P., Rocco, 1999), p. 18.

seus membros, passa a pregar uma obediência mais estrita às suas doutrinas e práticas, acirrando o sentimento de alienação daqueles em quem o chamado interior se faz sentir.

Esse processo era visível no mundo judaico no tempo de Jesus. O entendimento literal e materialista das escrituras judaicas, no contexto da opressão imposta sucessivamente pelos impérios caldeu, persa, grego e romano, fazia com que os judeus ansiassem cada vez mais pela vinda do Messias anunciado pelos profetas, para estabelecer o "Reino" em que eles, como o povo eleito de Deus, governariam sobre todos os povos da Terra. Para que a "promessa da aliança" fosse cumprida o mais rápido possível, procuravam obedecer rigorosamente os mandamentos da Lei Mosaica, o sinal da "aliança." Por isso, a característica fundamental do judeu tradicional era ser obediente à "Lei."

Jesus em suas pregações falava por meio de parábolas sobre o Reino de Deus, atraindo com isso o interesse de seus compatriotas. No entanto, seu comportamento não ortodoxo com relação a certos preceitos da Lei Mosaica, em especial aos relacionados com os rituais de pureza, de observância do sábado e da comensalidade, provocava a perplexidade do povo e a hostilidade dos saduceus (sacerdotes do templo) e fariseus (escribas), os guardiões da Lei. A maioria do povo hebreu pautava sua conduta pela observância religiosa na linha rabínica de Shammai, estritamente rígida e legalista. Para eles, a ênfase da prática religiosa era o formalismo externo. Jesus, porém, seguia a linha da escola rabínica de Hillel, de cunho místico, que enfatizava a atitude interior de entrega a Deus e de amor ao próximo. Para Jesus, a lei era um instrumento ou caminho revelado a Moisés para facilitar o retorno do homem ao seio divino. A lei não era uma finalidade em si mesma, mas um método para tornar as pessoas verdadeiramente livres, e não para as aprisionar.

Interpelado pelos fariseus sobre a não observância estrita do sábado por seus discípulos, Jesus respondeu: "*O sábado foi feito para o homem, e não o homem para o sábado*" (Mc 2:27). Suas respostas provocavam a ira dos fariseus que não conseguiam argumentos dentro da ortodoxia judaica para contestar aquele jovem rabino que, para eles, infringia a Lei. Jesus pregava o retorno à essência espiritual da tradição judaica, em contraste com a tendência histórica dos guardiões da Lei de enfatizar as práticas externas. Essa tentativa também foi feita por outros profetas antes de Jesus, como mostram as passagens: "*Porque é amor que eu quero e não sacrifício, conhecimento de Deus mais do que holocaustos*" (Os 6:6), e "*Por acaso não consiste nisto o jejum que escolhi: em romper os grilhões da iniquidade, em soltar as ataduras do jugo e pôr em liberdade os oprimidos e despedaçar todo o jugo?*" (Is 58:6). O que Deus espera do homem foi expresso por Jesus como: "*Misericórdia é que eu quero, e não sacrifício*" (Mt 9:13).

A doutrina progressista de Jesus era um retorno à essência do ensinamento divino já ministrado aos judeus por seus patriarcas e profetas, atualizado e aprofundado para atender as necessidades espirituais do povo daquele tempo e dos séculos vindouros. No entanto, o afastamento progressivo dos ensinamentos originais, que visavam promover a justiça e a compaixão entre os homens e preparar os devotos para o conhecimento de Deus em seus corações, levou à cristalização da vida religiosa judaica na forma de obediência a rituais externos, consolidados nos 613 preceitos da Lei Mosaica. Deve ficar claro que nem todos esses preceitos eram de origem divina. A maioria, na verdade, refletia os antigos costumes do povo judeu que foram acrescentados ao Decálogo para formar a "Lei." Por isso, os ensinamentos de Jesus chocavam os líderes das sinagogas e do Templo de Jerusalém, que viam com preocupação seu prestígio e poder abalados pelo jovem nazareno, principalmente porque seus ensinamentos eram bem aceitos por grande parte do povo.

Mas, se Jesus revolucionou a vida religiosa e espiritual em seu tempo, legando para seus seguidores de todos os tempos as chaves do Reino de Deus, por que nos dias de hoje tantos líderes religiosos relatam uma crescente insatisfação no seio de muitos segmentos da família cristã? Alguns observadores sugerem que a história se repete. Na verdade, isso já era conhecido dos sábios antigos, estando registrado na Bíblia: "*O que foi será, o que se fez, se tornará a fazer: nada há de novo debaixo do Sol! Mesmo que alguém afirmasse de algo: 'Olha, isto é novo!', eis que já sucedeu em outros tempos muito antes de nós"* (Ec 1:9). Para algumas pessoas, existem certos paralelos entre a ortodoxia judaica no tempo de Jesus e a ortodoxia cristã atual, como a observância do *sabath* pelos judeus, com seus holocaustos e cerimônias no templo ou nas sinagogas, e a participação na missa dominical, com seu sacrifício eucarístico, ou em outros serviços religiosos dos cristãos modernos; o estrito pagamento do dízimo sobre toda a produção obtida pelos judeus e o pagamento do dízimo efetuado pelos cristãos sobre salários e outras rendas, principalmente entre os evangélicos; a obediência à Lei Mosaica e a crença nas doutrinas e dogmas da Igreja.

Será que a apatia e o descontentamento interior sentidos por tantos cristãos não é uma indicação de que nós também nos afastamos dos verdadeiros ensinamentos divinos em nossa própria religião, como os judeus fizeram no tempo de Jesus? Por que ocorreu esse gradual afastamento dos ensinamentos originais do Mestre? Seria possível, em nossos dias, um retorno aos virtuosos costumes do período áureo da tradição cristã, os primeiros três séculos de nossa era, quando a maior parte dos cristãos vivia de acordo com os ensinamentos de Jesus com tal determinação e fé que não havia hesitação mesmo diante do martírio e com isso grande número de seus seguidores alcançava a experiência de Deus, o anseio de todas as almas em todos os tempos?

Essas questões serão examinadas detalhadamente ao longo deste trabalho. Podemos adiantar agora que o cerne da questão deve-se ao fato de a vida do cristão moderno em geral, e do católico em particular, não estar realmente pautada naquilo que Jesus pregou. Se observarmos a vida do católico típico, seremos forçados a concluir que ela se resume na participação nominal na missa dominical e nas festas e romarias de santos padroeiros. Mesmo entre os que participam da missa ou do serviço religioso de sua igreja, encontramos um grande número daqueles que estão de corpo presente, mas com a mente e o coração distantes. A missa ou serviço religioso é uma obrigação a ser cumprida e não uma prática que deleita seus corações e eleva suas almas.

Além disso, a maior parte dos católicos tem um conhecimento extremamente precário das escrituras sagradas, em contraste com seus irmãos evangélicos. Consequentemente, esses fieis não estão cientes da riqueza espiritual que nos foi legada pelo divino Mestre e registrada na Bíblia. Os evangélicos, por sua vez, enfrentam a limitação autoimposta de aceitar uma interpretação literal das escrituras, sabidamente redigidas com o uso intenso de parábolas e alegorias.

Esse parece ser, portanto, o âmago do problema da cristandade atual: a alienação da religião na vida diária dos fieis. Essa alienação advém de um considerável grau de ignorância dos ensinamentos que nos foram legados por Jesus e sua relevância para nossa vida nos dias de hoje. Ora, quem não conhece os ensinamentos do Mestre, não os pode praticar. Nesse ponto o cristão moderno é diferente de seus irmãos dos primeiros tempos. Os seguidores de Jesus, mesmo antes dos evangelhos canônicos terem sido escritos, ouviam com atenção o que os pregadores itinerantes ensinavam e guardavam em sua mente e seu coração as palavras de sabedoria, sentindo-se compelidos a colocá-las em prática. As famílias, os amigos e os vizinhos de cada cidade ou lugarejo conversavam sobre a Boa Nova com mais entusiasmo de que hoje se fala de futebol, novela ou política. As palavras do Mestre, como foram transmitidas por seus discípulos, eram consideradas um tesouro a ser bem guardado no coração.

As igrejas cristãs estão conscientes de que existe uma insatisfação latente, quando não ativa e vocífera, no seio de seus fieis e crentes. Apesar das tentativas de modificação de seus rituais, dos temas de suas pregações, do estabelecimento de maior contato com os paroquianos e dos movimentos de evangelização, ainda assim permanece a insatisfação interior. Muitos líderes católicos e protestantes estão procurando encontrar formas de amenizar os problemas detectados no seio de suas congregações, sem, contudo, atacar o cerne da questão espiritual. Alguns chegam a propor objetivos sociais para atender a esse anseio da alma. Surgiram movimentos como a teologia da libertação, a pastoral da criança, o movimento dos sem-terra e outros que identificaram claras injustiças sociais em nossa sociedade, que certamente merecem a atenção dos verdadeiros cristãos. Muita energia foi direcionada para superar essas injustiças. Os resultados nem sempre atenderam inteiramente aos anseios de seus idealizadores e muito menos às necessidades daqueles que até hoje sofrem e precisam de ajuda. Ainda que alguns avanços tenham sido feitos na área social pelas igrejas católicas e protestantes, ao que tudo indica, os anseios da alma não parecem ter sido atendidos.

Alguns observadores dizem que a solução é simples: bastaria vivermos de acordo com o ensinamento central de Jesus, reiterado ao longo de suas pregações, ou seja: amai-vos uns aos outros. No entanto, se isso fosse tão simples assim, esse anseio já teria sido atendido há muitos séculos. O problema é que a pessoa comum encontra dificuldade para ser verdadeiramente amorosa com aqueles fora de seu círculo íntimo. Nossas tendências materialistas, acirradas pelos valores de nossa sociedade competitiva e consumista, fazem com que o homem e a mulher comum vivam de forma autocentrada, quando muito aceitando os valores relacionados com o que chamamos de vida civilizada e educada. Mas os valores da civilização e da educação modernas, nada mais são do que vernizes que tendem a se romper sempre que nossos interesses estão em jogo. A realidade de nossa vida é que agimos como lobos ferozes e egoístas, vestidos com peles de ovelha da moralidade do convívio social.

Todos esses fatos conspiram para que exista hoje na cristandade uma insatisfação crescente que muitos fieis e crentes sinceros não conseguem definir com facilidade. Sentem que falta algo em suas vidas espirituais. Tal angústia reflete a ausência daquela paz interior que caracteriza a vida dos místicos e mesmo de todo aquele que está realmente engajado na busca espiritual. É como se suas almas estivessem querendo dizer alguma coisa que o homem externo não consegue captar com clareza. Seria possível que essas almas, sintonizadas com o mundo espiritual, estivessem com saudade da simplicidade e pureza da mensagem original do Salvador?

O resgate dos ensinamentos essenciais de Jesus também tem uma importância fundamental para a mocidade e os jovens adultos alienados e desligados da religião nos dias de hoje. Em nosso mundo moderno, com seu ritmo frenético, podemos constatar que as pessoas passam por mais experiências numa vida do que seria possível em cinco ou dez vidas há dois mil anos. Portanto, a busca desenfreada do prazer e das sensações, que caracteriza nossa sociedade consumista, se por um lado leva à alienação e à decadência, por outro, faz com que muitos alcancem mais rapidamente seu nível de saturação com a vida mundana e passem a buscar a transcendência de outras formas, especialmente na vida espiritual. A maior parte dessas pessoas, especialmente quando viveram num ambiente cristão tradicional, buscam saciar seus anseios interiores em outras tradições, mormente as orientais, por desconhecerem as práticas espirituais da tradição cristã. Essas pessoas seriam das mais beneficiadas pelos ensinamentos espirituais do Cristianismo primitivo, porque já estão em busca da experiência de Deus.

Tenho percebido que Jesus, em sua presciência e sabedoria, já havia previsto nosso anseio por esses ensinamentos transformadores essenciais. **Por isso, decidi sistematizar o meu entendimento do que o Mestre já havia ensinado, mas que parece não ter sido devidamente percebido ou enfatizado, para orientar nossa prática de vida.** Estou convicto de que os ensinamentos e as práticas que serão apresentados aqui atendem ao anseio de nossas almas de retornarmos à essência da mensagem de Jesus, para que assim possamos viver vidas mais plenas, realizadas e felizes, pautadas pela verdade e pelo amor ao próximo, e atender aos nossos mais elevados anelos espirituais de experiência de Deus. O primeiro nível de prática está voltado para a fundamentação de nossa vida neste mundo, servindo, ademais, como elemento de transição para o ensinamento fundamental de Jesus, o amor a todos os seres. O segundo nível procura atender o anseio mais profundo daqueles que aspiram verdadeiramente seguir o Mestre para assim alcançar a experiência de Deus.

No entanto, o poder transformador desses ensinamentos essenciais, como na verdade, de todos os ensinamentos de Jesus, dependerá sempre de nossa resposta a eles. As diferentes possibilidades de resposta foram exemplificadas pelo Salvador em sua parábola do semeador (Mt 13:4-9), que sai para semear. Parte das sementes cai à beira do caminho e é comida pelos pássaros, outra parte cai em lugares pedregosos onde por falta de terra não consegue se enraizar e morre, outra cai entre os espinhos sendo abafada ao crescer e, finalmente, outra cai em terra boa, produzindo fruto. Os quatro lugares referem-se a quatro fases sucessivas da evolução humana. A 'semente' representa a verdade eterna expressa pelos ensinamentos do Mestre. A beira do caminho, é a vida do homem comum desatento e incapaz de apreciar a sabedoria. O terreno pedregoso com pouca terra representa a situação de muitas pessoas que se entusiasmam com ideias novas mas que, por falta de profundidade de caráter, não são capazes de deixar essas ideias seguirem seu curso natural para transformar suas vidas. Os espinhos constituem as distrações e seduções do mundo material que abafam a tenra plantinha da vida espiritual. A terra boa representa a mente e o coração do homem maduro que percebe a verdade e passa a agir de acordo com seus ditames.

2

SIMPLICIDADE E DIVERSIDADE NO CRISTIANISMO PRIMITIVO

Em que consiste o contraste entre o Cristianismo primitivo e as religiões cristãs da atualidade? Que diferenças de doutrina e prática existem entre o Cristianismo professado pelas igrejas cristãs nos dias de hoje e o que vigorou nos primeiros tempos após a morte de Jesus? Existem diferenças tão marcantes assim, a ponto de mudar a perspectiva de vida espiritual do cristão moderno, caso fosse possível resgatar as práticas originais?

Quando investigamos esses pontos com atenção, verificamos que nos três primeiros séculos depois da morte do Salvador, os seguidores do Caminho, como os primeiros cristãos eram chamados, formavam um grande número de comunidades, muitas vezes com consideráveis diferenças de crenças e terminologias. As primeiras comunidades foram, na verdade, grupos formados dentro do judaísmo na Palestina. Essas comunidades, referidas como ebionitas, que significa 'os pobres,' permaneceram por várias décadas como seitas dentro do judaísmo, obedecendo à 'lei' e aos ensinamentos de Jesus. Uma comunidade com considerável diferença de doutrina comparada com o corpo principal do Cristianismo atual parece ter sido o grupo cristão cuja existência pode ser inferida do Livro de Q (a fonte para os ensinamentos do Senhor em Mt e Lc não encontradas em Mc). Esse grupo deve ter exercido importante influência doutrinária, para que seus escritos servissem como base para a preparação dos Evangelhos. Ele referia-se a Jesus como o "Filho do Homem," considerando-o um grande mestre ou profeta.[6]

Com o desenvolvimento de comunidades fora do âmbito do judaísmo, as diferenças de doutrinas tornaram-se mais marcantes. É bem verdade que, apesar das diferenças de doutrina, as práticas de vida baseadas nos ensinamentos de Jesus ocupavam o lugar central na vida do devoto. Os helenistas que foram expulsos da Palestina após a vitória do exército romano e a destruição de Jerusalém no ano 70, foram fundamentais para disseminar a Boa Nova numa vertente que não exigia a aceitação da lei e da circuncisão. O termo cunhado em Antioquia, "cristãos," passou a ser usado para referir-se a esse crescente segmento dos seguidores de Jesus, que, usando a língua universal daquela época, o grego, e sem o peso da lei mosaica, expandiu-se muito mais rapidamente do que os discípulos judeus da Palestina e de outras comunidades do Oriente Médio que usavam o aramaico. A vida nessas comunidades, que poderíamos chamar de protocristãs, era tão marcadamente diferente da de outras comunidades e famílias da época, que as conversões se davam mais em virtude do exemplo de uma vida amorosa do que por convencimento doutrinário.

O grande marco da história do Cristianismo ocorreu no início do século IV, quando ele foi adotado como uma das religiões oficiais do Império Romano. A partir daí o Cristianismo deixou de ser perseguido pelas autoridades, tendo fim o período trágico dos martírios crueis, inclusive nos selvagens jogos das arenas, quando os cristãos eram mortos por gladiadores ou devorados por leões e outros animais. Essa mudança foi tão marcante que alguns historiadores sugerem que o Cristianismo dificilmente teria alcançado sua enorme disseminação e persistido como religião universal por dois milênios não fosse o ato do Imperador Constantino. No entanto, as vantagens obtidas tiveram seu preço. Tudo começou com a exigência do Imperador de por um fim à diversidade de doutrinas encontradas no seio da família cristã naquela época.

---

[6] Norbert Brox, *A Concise History of the Early Church* (N.Y., Continuum, 1995), pp. 8 e 9.

Constantino e a diversidade de doutrinas

Constantino veio a conhecer o Cristianismo por intermédio de sua mãe, Helena, uma devota cristã. O imperador, um astuto político, constatou que o Cristianismo havia se espalhado por quase todos os recantos do Império. Percebeu, ademais, que a nova religião tinha várias características que poderiam facilitar a consolidação do domínio de Roma, cada vez mais enfraquecido por periódicas rebeliões regionais e pelas temidas invasões dos bárbaros. Adotou então o Cristianismo como uma das religiões oficiais do Império Romano. Mas surpreendeu-se ao verificar que no mundo cristão havia uma grande disparidade de movimentos, crenças e grupos, alguns dos quais em franca beligerância com os outros. Concluiu então, que, para servir aos seus propósitos políticos, o Cristianismo teria que passar por uma uniformização de crenças. Desde o ano 312, quando obteve uma impressionante vitória militar em Roma, sobre seu rival do ocidente, Maxentius, passou a favorecer a religião cristã e a promover sua unificação com uma surpreendente paciência. Finalmente, com a eclosão da controvérsia, Alexandre *versus* Arius, chegou a conclusão que a uniformização de crenças dentro do Cristianismo teria que ser promovida de forma mais vigorosa.

Como o Papa naquela época não tinha poder para unificar as diferentes crenças regionais e, em particular, para por fim ao principal pomo de discórdia, a divergência de opiniões quanto à natureza de Jesus, o Imperador convocou um Concílio, conhecido como Concílio de Niceia, tendo presidido parte das reuniões. Constantino não era teólogo e nem mesmo cristão, mas sim um político extremamente hábil e perspicaz para perceber o que iria atender a seus interesses políticos. Menos de 300 bispos compareceram ao concílio, de um colegiado de cerca de 900. O Papa e a maior parte dos bispos ocidentais boicotaram o encontro. Sob pressão de Constantino, os bispos presentes chegaram finalmente a um acordo sobre as doutrinas que deveriam ser aceitas por todos cristãos, sendo a maior parte delas incorporadas no Credo de Niceia. Como havia muitas correntes doutrinárias e interesses na Igreja daquela época, o acordo obtido entre os bispos lembra os acordos políticos atuais. Muitas concessões foram feitas e benesses prometidas, havendo até o recurso extremo da destituição de alguns bispos de seus cargos, no caso de um grupo que não cedeu às pressões e seduções do Imperador.

A doutrina oficial foi então imposta, a ferro e fogo, a todos os grupos cristãos. Alguns resistiram inicialmente. Mas, com o poder temporal da Igreja de Roma sobre assuntos religiosos garantido pelas tropas do Imperador, as dissensões foram sendo vencidas e os novos dogmas aceitos. A partir de então, a virtude fundamental do cristão passou a ser sua aceitação do Credo oficial da Igreja, transformado em dogma, à semelhança da tradicional obediência à lei por parte dos judeus. A vivência dos ensinamentos do Mestre foi relegada a segundo plano, e muitos desses ensinamentos foram sendo esquecidos com o passar dos séculos.

A diversidade de doutrinas no seio da cristandade no início do século IV era reflexo da forma como o movimento cristão se expandiu após a morte do Mestre. Tudo indica que após o retorno de Jesus dos mortos, a Boa Nova espalhou-se como fogo em capim seco por todo o oriente médio, por quase toda a Europa até a Grã Bretanha, no ocidente, e na direção do oriente chegando até mesmo à Índia. Fora da Palestina, comunidades foram estabelecidas na Síria, Mesopotâmia, Chipre, ao longo da Ásia Menor onde é hoje a Turquia, na Grécia, em Roma, sul da Itália, Alexandria e Alto Egito, na Ilíria e Dalmácia (atualmente Sérvia), Gália, Espanha, Alemanha, Tunísia, Algéria, Marrocos e Líbia. As conversões eram espontâneas e o entusiasmo era a principal característica do seguidor de Jesus. Podemos inferir que os discípulos do Mestre espalhavam a Boa Nova com a marca da simplicidade que caracterizou a vida do manso e compassivo nazareno. Em lugar de doutrinas e dogmas que poucos realmente entendiam, os ensinamentos eram simples e pautados pelo exemplo.

O sentimento apocalíptico generalizado entre as primeiras comunidades cristãs, de que o fim dos tempos estava próximo, era o principal incentivo de suas atividades missionárias. A Boa

Nova tinha que ser levada aos pagãos o mais rapidamente possível, antes que fosse tarde demais. O Cristianismo era considerado como uma religião de redenção. Esse movimento obteve especial alento com a expulsão dos helenistas da Palestina. "Os judeus cristãos foram expulsos da Palestina durante a Primeira Guerra Judaica (66-70), porém retornaram mais tarde para Jerusalém. No entanto, após a revolta Bar Kokhba, a Segunda Guerra Judaica contra os romanos (132-135), foram obrigados a deixar definitivamente o país porque, como judeus, eles haviam sido circuncidados, e todos os judeus foram banidos sob pena de morte."[7] A partir de então só era possível encontrar-se cristãos gentios na Palestina.

O período crucial para entendermos a diversidade das doutrinas e práticas dos diferentes grupos cristãos é talvez o que vai da morte de Jesus até a divulgação dos quatro evangelhos canônicos em sua forma final. Esse período é geralmente referido como indo do ano 30 ou 33 de nossa era até a década de 70, quando teria aparecido o Evangelho Segundo Marcos, tido como o primeiro evangelho (os outros três evangelhos, de acordo com a Igreja, teriam sido publicados entre os anos de 80 e 110). No entanto, alguns fatos sugerem que a tradição oral e outros textos e evangelhos que não os atuais canônicos permaneceram quase soberanos na transmissão da mensagem de Jesus por muito mais tempo do que os 40 anos sugeridos pela Igreja. Tanto o limite inferior como o superior desse período parecem ter sido diferentes.

A morte de Jesus pode ter ocorrido bem antes do ano 30, ou 33, de nossa era. De acordo com as Escrituras, o Rei Herodes teria mandado matar em todo o território da Palestina os meninos com menos de dois anos, quando soube pelos três magos do Oriente que eles tinham vindo homenagear o recém-nascido rei dos judeus (Mt 2: 1-16). No entanto, é um fato conhecido dos historiadores que o Rei Herodes morreu no ano 4 a.C., portanto, quatro anos antes da data de nascimento geralmente atribuída a

[7] *A Concise History of the Early Church,* op.cit., p. 19.

Jesus. O Papa, reconhecendo essa e outras incoerências históricas relacionadas com a vida de Jesus, vem estimulando os historiadores a descobrir as verdadeiras datas de nascimento e morte do Salvador. Apesar de não termos ainda nenhum resultado incontestável dessas pesquisas, as sugestões variam de que Jesus teria nascido cerca de sete anos antes de nossa era, referência preferida por alguns estudiosos ligados ao Vaticano, e até mesmo que ele teria nascido 105 anos antes da data tradicional,[8] sendo conhecido como Jeshua ben Perachia.

Caso seja comprovada uma data mais distante para o nascimento do Mestre, isso resolveria o constrangedor questionamento de que não existe nenhuma comprovação histórica de que Jesus realmente tenha existido. Os historiadores são muito enfáticos a esse respeito, pelo fato de que tanto o Sinédrio judaico quanto o governo romano na Palestina realizavam censos populacionais periódicos para determinar com precisão a população masculina do território, pois era sobre os homens de mais de quatorze anos que incidia o imposto que era recolhido com mão de ferro pelo Estado. Ora, alguns desses registros das três décadas em que geralmente se considera que Jesus teria vivido ainda estão disponíveis, e nenhum deles possui qualquer indicação da existência de Jesus e de seus familiares. Qualquer que possa ter sido o ano em que Jesus realmente nasceu, é provável que sua morte tenha ocorrido bem antes do ano 30 de nossa era. Uma indicação disso é o fato de que, por volta da década de 40, já havia grande número de comunidades de seguidores de Jesus espalhadas pelo oriente médio, norte da África, Ásia Menor e por quase toda a Europa e até na Índia. Como os meios de transporte e comunicação eram muito rudimentares naquela época, essa extensa propagação do Cristianismo deve ter demandado muito mais tempo para ocorrer.

A data da preparação dos evangelhos em sua versão final deve ter ocorrido provavelmente também mais tarde do que é normalmente aceita pela Igreja (70 a 110 a.C.). Vale lembrar que há dois séculos atrás a Igreja ainda sustentava que os quatro evan-

---

[8] G.R.S. Mead, "*Viveu Jesus 105 a.C.?*"

gelhos tinham sido escritos pouco depois da morte de Jesus. Somente em meados do século XIX, em função das pesquisas de estudiosos alemães que apontavam o fato de que algumas passagens falavam da destruição de Jerusalém e do Templo, o que sabidamente ocorreu no ano 70 de nossa era, a atual datação dos evangelhos foi então proposta, para a consternação dos fieis.

Ainda que não existam documentos daquela época comprovando quando os evangelhos foram realmente preparados, existe, no entanto a prova contrária, representada pelo 'que *não se falou* deles'. Significa dizer que, se os evangelhos atuais estivessem disponíveis e fossem aceitos como os mais fidedignos, seria de esperar-se que os abundantes documentos escritos pelos padres da Igreja durante o final do século I e a primeira metade do século II tivessem feito referências a eles e, melhor ainda, citassem a vida e o ministério de Jesus a partir desses documentos canônicos.

Esse raciocínio levou vários historiadores bíblicos a vasculhar as obras dos mais conhecidos escritores daquele período e o resultado foi negativo. Assim, é que, nas obras conhecidas dos mais autênticos escritores eclesiásticos, como Clemente de Roma, Barnabás, Hermas, Policarpo e os bispos Ignácio e Papias, não é feita nenhuma referência direta aos quatro evangelhos. Mas talvez a prova mais contundente venha de uma das mais reverenciadas personalidades da Igreja, Justino, o mártir. Ele foi um escritor prolífico, tendo vivido de 110 até 165, quando sofreu o martírio. Suas obras foram examinadas por conceituados eruditos bíblicos (Cassel, Keeler, Tischendorf), e nelas foram identificadas 314 citações do Antigo Testamento, das quais 197, ou seja, dois terços, com a indicação correta dos livros dos quais elas tinham sido retiradas. Porém, nas citações sobre a vida e os ensinamentos de Jesus, Justino não menciona nenhum dos quatro evangelhos. No entanto, ele cita repetidamente uma obra referida como *Memórias dos Apóstolos*, ou simplesmente *Memórias*. Ele faz quase cem citações de *Memórias*, sendo que em somente três casos elas coincidem literalmente com passagens de nossos quatro evangelhos. Ele cita também o Evangelho dos Hebreus (mencionado por outros autores), o Evangelho de Nicodemos (também conhecido como Atos de Pilatos), o Proto-evangelho e o Evangelho da Infância.

O primeiro escritor a mencionar algum dos evangelhos (o de João, no caso) foi Teófilo de Antioquia, por volta do ano de 180. O primeiro a citar os quatro evangelhos foi o Bispo Irineu de Lion, entre os anos 180 e 200. Esses fatos sugerem que os quatro evangelhos passaram por um longo processo de gestação, sendo ultimados na segunda metade do século II. Isso provavelmente ocorreu em face da necessidade sentida pela Igreja de apresentar textos oficiais, ou canônicos, para enfrentar as posições doutrinárias daqueles que eram considerados hereges.

As considerações acima sobre o período de vida de Jesus e a data de 'publicação' dos quatro evangelhos, levam-nos a crer que o período entre a morte de Jesus e a data em que os quatro evangelhos canônicos tornaram-se disponíveis seria bem maior do que os 40-70 anos admitidos atualmente, podendo chegar a 100 ou mesmo 200 anos. Esse fato é de suma importância para entendermos a razão da considerável disparidade de doutrinas dentro da família cristã no século IV, que levou Constantino a agir de forma tão radical, com a instituição forçada de um conjunto de doutrinas que viesse a unificar a crença da nova religião oficial do Império.

A disseminação da Boa Nova

Após a ressurreição de Jesus e sua aparição às mulheres e aos discípulos, o Mestre passou algum tempo preparando-os para a missão que viriam a cumprir. Ainda que a tradição insista em afirmar que Jesus tinha somente doze discípulos, a verdade é que esse número era bem maior, provavelmente mais de setenta (Lc 10:1). Ao término de sua missão terrena, Jesus instou seus discípulos a levarem aos povos de outras nações os conhecimentos da Boa Nova, e a ensiná-los a observar tudo o que haviam aprendido com ele (Mt 28:19-20). Os discípulos, então, fortalecidos pelo retorno de Jesus dos mortos e devidamente preparados para sua missão, partiram para executá-la. Eles tornaram-se pregadores itinerantes do evangelho passando pelas cidades da Palestina e, alguns deles, por algumas cidades em países vizinhos. Em Israel o seu trabalho foi facilitado pelas pregações anteriores do próprio Mestre, que em vários lugares tinha deixado núcleos de simpatizantes.

Nos primeiros anos a expansão do Cristianismo deveu-se ao entusiasmo e carisma dos apóstolos e discípulos. Mas, com a reestruturação social que se observava nessas primeiras comunidades, seu exemplo tornou-se contagioso. A expansão do Cristianismo não era tanto a expansão da Igreja, como um resultado da missão evangelizadora que passou a ser feita em todos os níveis sociais, por todos os convertidos, que na maioria das vezes convenciam tanto pelo exemplo como pela palavra. As comunidades locais eram exemplos de sociedades caridosas: "Os membros vulneráveis da sociedade, tais como viúvas, órfãos, bebês indesejáveis e escravos velhos podiam estar certos que seriam sustentados se pertencessem à igreja."[9]

Seguindo a orientação e o exemplo de Jesus, os apóstolos escolheram por sua vez alguns discípulos e passaram a prepará-los, para garantir a continuidade do trabalho quando tivessem partido, pois muitos já eram idosos.[10] Sendo discípulos fieis, seguiram a diretriz do Mestre, de ensinar de forma direta os mistérios do Reino aos seus discípulos, e de divulgar a Boa Nova ao povo em parábolas, ou seja, de forma alegórica. A continuação da prática do ensinamento ao público por meio de alegorias, especialmente parábolas, foi um dos principais fatores responsáveis pelas diferenças de doutrinas encontradas mais tarde. No Evangelho de Marcos é dito que Jesus: "*Anunciava-lhes a Palavra por meio de muitas parábolas como essas, conforme podiam entender; e*

[9] Stuart Hall, *Doctrine and Practice in the Early Church* (Grand Rapids, Wm. Eerdmans, 1992), p. 23.

[10] Alguns estudiosos afirmam que os seis irmãos de Jesus eram mais velhos do que ele, pois eram filhos do primeiro casamento de José. Todos eles tornaram-se discípulos de seu irmão mais novo.

nada lhes falava a não ser em parábolas. A seus discípulos, porém, explicava tudo em particular" (Mc 4:33-34).

Sabemos pelos relatos dos evangelhos que a capacidade de compreensão dos discípulos era bastante diversificada. Como em todos os grupos de seres humanos, alguns se mostraram capazes de aprender os mistérios da alma mais rapidamente e, portanto, estavam melhor preparados para o magistério do que os outros. Até mesmo a capacidade de lembrança dos ensinamentos do Mestre deve ter variado significativamente, em que pese a proverbial memória das pessoas que vivem uma vida mais simples, por não serem submetidas, como nos dias de hoje, ao bombardeio diário de informações de toda natureza, a maior parte das quais de pouca utilidade. Podemos supor, ademais, que nem todos os discípulos estiveram presentes a todas as pregações e ensinamentos de Jesus. Portanto, cada um deve ter dado maior ou menor ênfase a certos ensinamentos e relatado os fatos históricos com seu próprio colorido. Essa é também a explicação para as diferenças marcantes encontradas nos quatro evangelhos canônicos, como por exemplo a genealogia de Jesus apresentada em Mateus e Lucas. Com o tempo, e na ausência de textos uniformes para orientar a pregação dos discípulos e, mais tarde, dos discípulos deles, certas nuances de doutrina e ênfase na vida espiritual começaram a aparecer. Com o passar dos anos e das décadas de transmissão oral dos ensinamentos, essas diferenças foram se tornando mais marcantes, gerando em alguns casos interpretações e doutrinas divergentes entre os diferentes grupos de seguidores de Jesus.

Os discípulos provavelmente devem ter estabelecido certa sistemática de apresentação de suas pregações que viria a influenciar o ministério de seus discípulos e das gerações posteriores de seguidores. Parte dos ensinamentos públicos era voltada para a questão ética, outra parte para a orientação da vida espiritual propriamente dita, ou seja, como viver para alcançar o Reino dos Céus e mais outra parte relacionada com a vida de Cristo e seu significado para a humanidade. Há evidências também de que os discípulos e seus seguidores celebravam, como parte do ministério, certos rituais sacramentais, com ênfase na eucaristia em memória do Salvador. Como relata uma das maiores autoridades bíblicas da atualidade: "As refeições comunitárias que Jesus celebrou com seus seguidores durante seu período de vida eram regularmente celebradas como refeições escatológicas da comunidade. Essa refeição, que era obviamente uma refeição regular completa, tornou-se assim um banquete messiânico, de forma análoga às refeições dos essênios."[11]

Dentre os quatro segmentos do ministério dos discípulos de Jesus (ética, espiritualidade, vida de Jesus e rituais), a Igreja preferiu mais tarde dar ênfase aos dois últimos. A vida de Cristo, com suas implicações doutrinárias, serviu de base para o Credo de Niceia, que foi transformado em dogma. A refeição sacramental, mais tarde, foi modificada e estilizada, servindo de base para o principal ritual da Igreja, a Santa Missa, culminando na Eucaristia. É claro que essa decisão teve graves reflexos na formação da moralidade e na vida espiritual de grande parte da cristandade.

É importante frisar que os apóstolos, seguindo o exemplo do Mestre, dedicavam boa parte de seu tempo à iniciação de seus discípulos nos Mistérios de Deus. Jesus indica que aos discípulos foi dado conhecer os "Mistérios do Reino" (Mt 13:11; Mc 4:11 e Lc 8:10), e Paulo afirma que "*É realmente de sabedoria que falamos entre os perfeitos, sabedoria que não é deste mundo nem dos príncipes deste mundo, votados à destruição. Ensinamos a sabedoria de Deus, misteriosa e oculta, que Deus, antes dos séculos, de antemão destinou para a nossa glória*" (1 Co 2:6-7). Essa sabedoria divina, misteriosa e oculta, aludida por Paulo, que existia desde os primórdios da vida humana, era o cerne dos ensinamentos internos de Jesus que foram ministrados a seus discípulos.

Podemos supor que foi estabelecido um procedimento rigoroso de seleção para escolher aqueles considerados dignos de serem iniciados nos Mistérios de Deus, como se deduz das palavras de Jesus: "*Com efeito, muitos são chamados, mas poucos escolhi-*

---

[11] Helmut Koester, *History and Literature of Early Christianity* (N.Y., Walter de Gruyter, 1987), pp. 87-88.

dos" (Mt 22:14). Dentre os ensinamentos internos estariam os métodos de interpretação da linguagem sagrada usada na preparação dos textos incorporados na Bíblia. Os grupos que não contavam com instrutores iniciados na linguagem sagrada para interpretar devidamente as parábolas e alegorias foram limitados ao entendimento literal da Boa Nova, sendo essa uma razão adicional para as diferenças de doutrinas desenvolvidas com o tempo. Esse tema será aprofundado mais adiante nesta obra, quando apresentarmos as chaves conhecidas para a interpretação da Bíblia Sagrada.

Tudo indica, porém, que a história atropelou os desígnios dos discípulos de Jesus de promover a expansão do Cristianismo de forma bem estruturada. Para isso era necessária a preparação sistemática de iniciados nos Mistérios de Jesus, para que um número suficiente de instrutores devidamente credenciados estivesse sempre disponível para orientar e instruir os seguidores da Boa Nova. Porém, as adesões de simpatizantes e membros dos seguidores do Caminho, como a nova religião era chamada inicialmente, cresceram num ritmo muito mais rápido do que a preparação dos discípulos. A mensagem de esperança e conforto disseminada pelos apóstolos e, mais tarde, por seus discípulos tocava os corações de seus ouvintes, tanto de judeus quanto de gentios. Assim o movimento foi crescendo em ritmo acelerado.

O exemplo de dedicação e compreensão fraternais para com as necessidades de todos (homens e mulheres, cidadãos, servos e escravos, jovens, idosos e viúvas desamparadas) tornavam as comunidades recém-formadas cada vez mais coesas, ainda que, em alguns casos, carecessem de orientação permanente de instrutores capacitados. Essas comunidades eram exemplos do que, mais tarde, revolucionários e transformadores sociais passaram a descrever como utopias, modelos ideais de sociedades que seriam desenvolvidas quando todos os seres humanos vivessem de acordo com a mais alta ética.

Os discípulos iniciados nos Mistérios do Reino eram poucos e dividiam sua atenção entre muitas comunidades, viajando de uma para outra, com a morosidade dos meios de transportes da época, geralmente a pé ou, excepcionalmente, cavalgando uma montaria e ainda, no caso de comunidades litorâneas, de barco. Por isso, as comunidades locais ficavam sob a orientação de líderes nomeados pelos discípulos ou mesmo escolhidos pelos membros da comunidade. O conhecimento íntimo da Boa Nova nem sempre refletia o entusiasmo desses evangelizadores. Um historiador comenta: "Homens e mulheres começaram a pregar o evangelho de Jesus de modo entusiasmado e frenético porque acreditavam que ele retornara dos mortos para eles e dera-lhes a autoridade e poder para agir daquela maneira. Sem dúvida, seus esforços evangélicos foram imperfeitos, pois, apesar das instruções de Jesus, nem sempre eles conseguiam lembrar-se de seus ensinamentos com acurácia ou coerência, e não eram sacerdotes treinados, nem oradores, nem sequer pessoas cultas."[12]

As circunstâncias em que se deu a rápida expansão do movimento cristão explicam porque tantas correntes doutrinárias foram constatadas no início do século IV por Constantino. A cisão mais importante no seio da comunidade cristã, a partir do final do primeiro século, ocorreu entre aqueles que se diziam herdeiros da tradição interna dos discípulos de Jesus, que por razões óbvias eram uma minoria, e a grande maioria que era tida como a herdeira dos ensinamentos públicos do Mestre, aqueles transmitidos em parábolas ao povo. Dentre os primeiros, os grupos gnósticos, em particular, apontavam a Igreja dominante como a herdeira dos ensinamentos externos. Obviamente a Igreja não podia aceitar essas alegações e, assim, os dois grupos viviam trocando acusações. Quando a Igreja dominante se tornou aliada do Imperador Constantino, os grupos dissidentes, principalmente os gnósticos, foram declarados hereges e, a partir de então, passaram a ser perseguidos.

A tradição oral que orientava os primeiros pregadores veio mais tarde a ser complementada por várias obras atribuídas a alguns discípulos de Jesus ou de discípulos da segunda ou terceira geração. Dentre elas poderíamos mencionar: o Evangelho

[12] Paul Johnson, *História do Cristianismo* (R.J., Imago, 2001), p. 40.

de Tomé (considerado atualmente pela maioria dos estudiosos bíblicos como tão fidedigno quanto os quatro evangelhos canônicos),[13] os Atos de Tomé, o Evangelho de Felipe, Memórias dos Apóstolos, o Evangelho dos Hebreus, o Evangelho dos Egípcios, o Evangelho de Nicodemos, o Evangelho de Maria, Atos de João, o Evangelho do Pseudo-Matias e muitos outros. Convém lembrar que a Igreja aceita que os atuais evangelhos canônicos foram escritos com base em outros textos existentes apesar desses textos não terem sido identificados. Fala-se de um possível texto referido como Q[14] (inicial da *Quelle*, Fonte em alemão), que teria sido a fonte das *logia*, ou palavras do Senhor, usadas para a elaboração dos evangelhos segundo Mateus e Lucas, que não se encontram em Marcos. Na elaboração do Evangelho de João teria sido utilizada uma fonte de "sinais," os milagres narrados na vida de Cristo.

As controvérsias dos primeiros séculos foram em parte sanadas pela centralização do poder na Igreja Romana. Alguns grupos permaneceram arredios, e novas controvérsias surgiram internamente no seio da Igreja, demandando confabulações e decisões em Concílios numa tentativa de manter a unidade da doutrina oficial. Apesar do constante esforço para manter a unidade de crença, dissidências continuaram a aparecer ao longo dos séculos, sendo geralmente debeladas pela força. Dentre esses movimentos, os mais importantes que ameaçaram arranhar a supremacia papal foram o movimento dos cátaros no sul da França, reprimido brutalmente no século XIII, bem como a violenta cisão com a Igreja Ortodoxa oriental e, mais tarde, a Reforma

---

[13] Um extenso grupo de teólogos e professores bíblicos da América do Norte, da Europa e de outros países, sob a liderança dos conhecidos eruditos Robert W. Funk e John Dominic Crossan, organizou um projeto de estudo dos evangelhos para determinar o que eles consideravam como sendo as verdadeiras palavras de Jesus. Decidiram acrescentar aos quatro evangelhos canônicos o Evangelho de Tomé. Ao final do projeto, mais de 200 teólogos católicos e protestantes estavam engajados no estudo. Os resultados podem ser consultados na obra: The Jesus Seminar, *The Five Gospels, The search for the authentic words of Jesus* (N.Y., Macmillan, 1993).

[14] Vide J. S. Kloppenborg, *The Shape of Q* (Minneapolis, Fortress, 1994).

Protestante no século XVI. Apesar desses movimentos, em que pese o grande número de mortos envolvidos, poucas mudanças de importância foram efetuadas na doutrina e na prática da Igreja, mesmo as reformadas, desde Constantino. Como as expectativas religiosas e espirituais dos povos são afetadas pelos cambiantes valores culturais de cada época, não é surpreendente que depois de tantos séculos exista hoje um anseio tão claro por mudança no seio da cristandade.

3

OS ENSINAMENTOS DO CRISTIANISMO PRIMITIVO

Como as igrejas enfatizam mais a crença na pessoa e nos atributos de Jesus, em detrimento da mensagem que ele nos legou, uma recordação dos ensinamentos divinamente inspirados do Mestre, que revolucionaram a vida de um número incontável de pessoas, desde aquela época até os dias de hoje, é sempre estimulante e necessária. Deve ficar claro, porém, que o objetivo deste trabalho não é a apresentação sistemática de todos os ensinamentos transmitidos aos primeiros cristãos. O escopo, bem mais modesto, é identificar a essência dos ensinamentos que permitiram naquela época, e permitirão nos dias de hoje, uma modificação radical na vida de seus seguidores. Até porque, cabe lembrar, os ensinamentos internos só eram passados aos discípulos mais preparados e continuam sendo reservados. Esses ensinamentos, como revelavam segredos sobre as leis ocultas da natureza, que proporcionam poder àqueles que deles dispõem, sempre foram mantidos sob extrema reserva para a proteção do discípulo e daqueles que interagem com ele.

Jesus demonstrou e transmitiu aos seus discípulos diversos poderes, sendo o mais proeminente o de cura. O procedimento para o desenvolvimento desses poderes provavelmente estava associado aos rituais e sacramentos secretos que Jesus ministrava aos discípulos. Como eles eram secretos, muito pouco é mencionado na Bíblia a seu respeito. No entanto, no Evangelho de Felipe é feita a referência de que: "*O Senhor fez tudo num mistério, um batismo, uma crisma, uma eucaristia, uma redenção e uma câmara nupcial.*"[15] Pode parecer estranho que o mais elevado 'mistério' seja referido por alguns estudiosos como o da "câmara nupcial." Porém, a experiência dos místicos mais avançados, como por exemplo, Teresa de Ávila e Jan van Ruysbroeck,[16] descreve a última etapa da via mística como sendo equivalente a um casamento da alma com o "Bem Amado."

Felizmente, parte desses ensinamentos reservados ainda está à nossa disposição nos dias de hoje. É possível ao cristão moderno obter parte desses ensinamentos, que antes eram exclusivamente reservados aos discípulos, com as chaves interpretativas adequadas, como as que serão apresentadas no decorrer desta obra.

Os rituais e sacramentos secretos de Jesus visavam, por outro lado, proporcionar uma preparação acelerada de seus discípulos para a plena realização do ministério apostólico. Ora, se na vida material quanto maior a velocidade de um veículo maior o risco de acidentes, por analogia, o mesmo deve ocorrer com a aceleração da velocidade de imersão na vida espiritual. Daí o cuidado extremado na escolha dos discípulos e a constante atenção do Mestre na preparação deles, que só foi ultimada após seu 'retorno dos mortos'. Afortunadamente, da mesma forma como existem vários caminhos levando ao topo da montanha, há várias sendas para a expansão de consciência que levam ao Reino. Os ensinamentos do Cristianismo original, direcionados como eram para a vida mística, oferecem uma alternativa para a experiência de Deus e o acesso ao Reino sem os riscos inerentes ao caminho acelerado interno.

O ministério de Jesus, como entendido por seus discípulos diretos, e por eles pregado às primeiras comunidades, visava a

---

[15] J.M. Robinson (ed.), *The Nag Hammadi Library* (Harper San Francisco, 1990), p. 150.

[16] Ruysbroeck descreveu suas experiências neste último estágio num livro magistral com o título significativo de: "*The Adornment of the Spiritual Marriage*" (Kessinger Publishing Co.).

promoção de uma **mudança de atitude** no ser humano, redirecionando sua vida. Era chegado o momento do povo de Israel cambiar da mera obediência à Lei Mosaica para uma atitude de maior responsabilidade frente à vida que caracteriza o homem e a mulher em sua maturidade. A missão de Jesus visava despertar o povo da letargia espiritual dissimulada pelo formalismo dos rituais nas sinagogas e no Templo e da estrita obediência à Lei.

Via de regra, a criança e o jovem estão inteiramente voltados para o gozo da vida e o aproveitamento de todas as oportunidades para seu deleite, entretenimento e prazer. Sua única responsabilidade, na prática, restringe-se à obediência aos regulamentos impostos pela família e, mais tarde, pela escola e a sociedade. De forma semelhante, o povo judeu era condicionado a crer desde a infância que sua principal responsabilidade religiosa era a obediência aos 613 preceitos da Lei. Não tinha sido preparado para pensar por conta própria e, com isso, não era capaz de perceber as inúmeras ocasiões em que a obediência cega aos preceitos religiosos conflitava com o cultivo do amor ao próximo caracterizado pelo cuidado compassivo aos necessitados e sofredores, como exemplificado na parábola do bom samaritano (Lc 10:30-37). Era principalmente por isso que Jesus entrava seguidamente em choque com os sacerdotes e os escribas, os guardiões da Lei, pois o Mestre colocava prioridade na compaixão e não na mera obediência aos preceitos da Lei. Jesus procurava abrir a mente e os corações de seus ouvintes para a necessidade da adoção de uma atitude mais adulta, visando tomarem a iniciativa de construir progressivamente suas próprias vidas. Poderíamos dizer que o ideal de vida indicado pelo Mestre era que cada homem e mulher na sociedade se tornasse um mestre construtor.

Esse ideal está implícito na Bíblia. Como o homem foi criado à imagem e semelhança de Deus, ele deve se tornar, como Deus, um mestre construtor. Nas primeiras palavras do Antigo Testamento lemos que "*No princípio, Deus criou o céu e a terra*" (Gn 1:1). No entanto, a palavra hebraica traduzida como 'Deus' era *elohim*, palavra plural equivalente ao termo cabalístico *sephiroth* que indica a coletividade dos grandes arcanjos construtores do cosmo. Ora, se a coletividade dos *elohim* age como prepostos construtores do Deus Supremo do Universo, eles certamente fazem seu trabalho com base no Plano Divino da criação. Poderíamos dizer, que Deus é simbolicamente o Supremo Arquiteto e Construtor do Universo.

No Novo Testamento encontramos as mesmas lições cosmológicas presentes no Velho Testamento. Assim, o modelo de construtor divino a ser seguido pelo homem é o próprio Jesus. Nos evangelhos, Jesus é apresentado como carpinteiro, seguindo a profissão de José, seu pai adotivo. A palavra traduzida como 'carpinteiro' é *tekton* em grego, que tem a conotação mais abrangente de construtor. Portanto, Jesus e seu pai terreno são apresentados como modelos de construtores a serem seguidos pelos homens. É interessante notar que Paulo, o principal apóstolo itinerante do Senhor, é apresentado como fabricante de tendas, também um construtor.

Como em todas as lições bíblicas, o ideal de construtor deve ser entendido como alegórico. O homem é chamado a construir seu microcosmo bem como a participar na construção do mundo maior, o macrocosmo. Sendo o homem o próprio microcosmo, ele deve passar a construir sua vida tanto em seus aspectos internos como externos. Como todo processo de construção começa do mais sutil, da ideia ou plano, ou seja, do interior, o homem deve promover sua transformação interior para que ela se reflita também no exterior. Mas a recíproca também é verdadeira. Toda mudança em nossa natureza exterior, em seus hábitos e virtudes, será refletida em nosso interior. Portanto, o homem deve assumir a responsabilidade pela construção de sua vida, aperfeiçoando tanto seu exterior quanto seu interior. Mas, como o ser humano é uma totalidade, ele deve promover também a integração de suas naturezas interior e exterior.

O construtor responsável e experiente é cuidadoso na escolha dos materiais usados em sua obra. Esses materiais no homem são suas ações, palavras e pensamentos, que devem ser conscientemente escolhidos e não apresentar nenhuma mácula, pois nenhuma impureza deve ser incorporada ao acabamento de sua obra, desfigurando-a. Uma construção deve atender aos requisitos de funcionalidade e estética e estar em harmonia com o meio ambiente. Cada um de nós deve identificar a função que dará para sua obra, ou seja, a sua vida. Sua casa, isto é, a natureza exterior do homem como apresentada figurativamente na Bíblia, deve ser bela não só aos olhos mas principalmente ao coração. O padrão de beleza a ser seguido é o das características permanentes interiores e não das passageiras externas, ou seja, as virtudes que enobrecem o homem. Essa construção também deve estar inserida harmonicamente no ambiente em que o homem vive.

A necessidade de harmonia com o meio ambiente remete-nos ao segundo aspecto da construção pela qual o homem maduro deve se responsabilizar. Como todo homem é um membro da grande família humana, sendo mais uma expressão do Divino Um, na medida em que vai se tornando mais apto na construção de seu microcosmo, passa a entender que ele não está sozinho no mundo e que todos seus irmãos estão, como ele, interagindo de forma interdependente. Quanto mais a construção de um microcosmo se harmoniza com o ambiente em que vive, mais fácil torna-se para seus vizinhos promoverem suas construções individuais e se harmonizarem com os outros. Quando o trabalho no microcosmo estiver terminado, ou seja, quando o homem alcançar a perfeição, definida por Paulo como '*a estatura da plenitude de Cristo*', sua responsabilidade será inteiramente voltada para a construção do mundo maior, do macrocosmo, como verificamos no ministério de Jesus e, em menor grau, no trabalho apostólico de seus discípulos.

Porém, a participação do homem na construção do mundo maior não começa somente quando ele alcança a perfeição. Quando isso ocorre o homem passa a dedicar-se inteiramente ao trabalho externo de cooperação na melhoria das condições de vida externa e interna de seus semelhantes. No entanto, bem antes disso, a partir do momento em que manifesta seu desejo de seguir o Mestre e tornar-se um trabalhador na seara do Senhor, ele deve dividir seu tempo e sua atenção entre a construção de seu microcosmo e sua cooperação no trabalho maior. O primeiro passo nessa cooperação com o trabalho maior é considerar todas as tarefas de sua vida como contribuições para a harmonia e o bem estar de seus irmãos. Essa atitude é especialmente importante no trabalho profissional. Tudo o que fizermos deve ser bem feito e realizado com amor, como se nosso chefe ou cliente fosse o Cristo, o que é a pura realidade, apesar de não nos darmos conta disso.

Uma parte importante de nosso progresso na senda espiritual depende de nosso comprometimento verdadeiro com o bem estar espiritual da humanidade. O progresso será mais rápido na medida em que nosso coração demonstrar uma determinação crescente para ajudar a humanidade, secando suas lágrimas, promovendo a saúde do corpo e da alma de nossos irmãos e, sobretudo, procurando diminuir a ignorância, que é a causa raiz por trás de todos pecados que causam o sofrimento humano. O trabalho de salvação, porém, deve seguir o modelo estabelecido pelo Mestre: ensinar as leis e os processos relacionados à vida espiritual com nossas palavras e, principalmente, com nosso exemplo e, não menos importante, respeitar o livre-arbítrio das pessoas com muito amor e compreensão para o momento de vida de cada um.

Diferentemente dos projetos de construção no mundo material, que chegam ao seu término, a construção da vida do homem é dinâmica e nunca termina. O homem e o universo evoluem sempre. Não há limite para o crescimento espiritual. As ideias muitas vezes apresentadas de que no céu o homem passará a eternidade contemplando a Deus passivamente, ao som da música angélica, é uma distorção da verdade. À medida que o homem progride na escala evolutiva, ele será sempre chamado a cooperar em tarefas cada vez mais amplas e complexas, seja neste mundo seja em outros planos da natureza.

Vemos, portanto, que a essência do ministério de Jesus era nos despertar para a responsabilidade da construção de nossa vida e ensinar-nos como fazer isso. A forma como Jesus ministrava suas lições, com parábolas que exigiam o engajamento mental de seus ouvintes para entendê-las, era uma forma de promover essa mudança de atitude. O ensinamento divino não era tão detalhado e explícito, como seria apropriado a uma humanidade infantil que só precisava aprender a obedecer, mas era sim indicativo, sugestivo, para que o homem aprendesse a pensar por conta própria. O esperado para o judeu antigo era que fosse obediente à Lei. Mas o seguidor de Jesus, agora responsável por sua vida, deve tornar-se um 'buscador da verdade'.

Todo ministério do Mestre visava, portanto, promover a nossa autotransformação. Essa palavra é realmente apropriada, pois não se trata somente de transformação, mas de mudarmos a nós mesmos. Daí a importância da responsabilidade para com nossa própria vida. Somente assim poderemos deixar para trás o velho homem e promover o nascimento do homem novo, para quem estão abertas as portas do Reino dos Céus.

Para alguns cristãos que conhecem bem a Bíblia, pode parecer estranha essa referência à autotransformação como essencial para a salvação. A razão disso foi um infeliz lapso na tradução de uma das passagens lapidares do evangelho. João, o batista, o precursor do Cristo, é apresentado apregoando: "*Arrependei-vos, porque o Reino dos Céus está próximo*" (Mt 3:2). Porém, no original grego do evangelho, a palavra traduzida como 'arrependei-vos' (*metanoeite*) significa, na verdade, 'mudem a vossa mente', 'renovem o vosso conteúdo mental' ou, simplesmente, 'transformem o vosso interior'. A mente de todo aquele que aspira entrar no Reino dos Céus deve ser retirada das coisas deste mundo e voltada para a busca da realidade interior. Assim, o Reino dos Céus estará cada vez mais próximo à medida que nos transformarmos interiormente, mudando o foco de nossa atenção do exterior para o interior.

Curiosamente, essa passagem (Mt 3:2) na versão aramaica (aramaico era a língua em que Jesus pregava) da Bíblia, é plena de significados e conotações que nos remetem também ao ensinamento de transformação e não de arrependimento. Sua tradução é apresentada como: "*Voltem! Retornem à união com a*

Unidade, como o mar fluindo de volta à costa com a maré. A visão que capacita, o 'Eu Posso' do cosmo, o reinado de tudo que vibra, o reino dos céus chega neste momento! Ele se acerca, tocando-nos, arrebatando-nos, puxando-nos de volta para o ritmo de vibração com o Um." [17]

Com a distorção da tradução atualmente aceita, perdemos a noção de que somos responsáveis pela construção de nossa vida, por meio da mudança interior, sendo essa uma condição impreterível para que possamos alcançar o Reino dos Céus. Em lugar desse ensinamento positivo, recebemos um legado de negatividade, de culpa por pecados cometidos que devemos nos arrepender. Nossas almas são direcionadas para um passado pecaminoso em lugar da promessa de um futuro glorioso, que pode ser construído pela disciplina de nossa mente. Paulo, o grande apóstolo, insistia na necessidade de autotransformação em suas pregações, dentre as quais a mais explícita capta e expande o verdadeiro sentido original da exortação de João Batista (Mt 3:2): "*E não vos conformeis com este mundo, mas transformai-vos, renovando a vossa mente, a fim de poderdes discernir qual é a vontade de Deus*" (Rm 12:2).

O contraste entre os enfoques de arrependimento de nossos pecados, por um lado, e de mudança interior para construir nossas vidas, por outro, está presente nas duas grandes correntes teológicas do Cristianismo, que poderíamos chamar de "tradição da queda e redenção" e "tradição centrada na criação." Infelizmente, para a vida espiritual do cristão, a primeira corrente vem dominando a formação eclesiástica de católicos e protestantes ao longo dos séculos. Ela remonta principalmente a Agostinho (345-430 d.C.), tendo como grande e influente expoente Thomas à Kempis (1380-1471), autor da obra *Imitação de Cristo*, que desde então vem orientando a vida espiritual de incontáveis gerações de cristãos. A tradição centrada na criação, porém, é

[17] Neil Douglas-Klotz, *The Hidden Gospel: Decoding the Spiritual Message of the Aramaic Jesus* (Wheaton, Ill, Quest Books, 1999), p. 83.

muito mais antiga e seus expoentes muito mais ilustres. Tem suas raízes no século IX antes de nossa era com os Salmos, os livros de sabedoria da Bíblia e os de muitos profetas. A maioria dos teólogos parece ignorar que Jesus foi seu principal expoente, sendo essa tradição sistematizada pelo primeiro teólogo do ocidente, Irineu de Lyon (130-200 d.C.).

O foco da atenção da tradição da 'queda e redenção' é o pecado e a negatividade, com ênfase no pecado original. Seu ponto alto é a morte de Jesus na cruz. Sua espiritualidade é baseada na mortificação do corpo, no controle das paixões e no arrependimento. Para ela a vida eterna vem depois da morte. Prega a obediência e o sentimento de culpa. Para essa escola a humanidade é pecadora. O esforço dos fieis deve ser a construção da Igreja, pois o Reino é apresentado como expresso pela Igreja.

Já para a tradição 'centrada na criação,' tudo começa com *Dabhar* (heb.) a energia criativa de Deus, geralmente traduzida como a Palavra, o Verbo. Sua ênfase é a bênção original. Seu ponto alto é a ressurreição de Jesus. Sua espiritualidade é baseada na disciplina para o renascimento ou transformação interior, que ocorre no êxtase, na paixão da bem-aventurança. Prega a criatividade e o agradecimento pela vida e a graça. Para ela a humanidade é divina, ainda que capaz de escolhas pecaminosas e mesmo diabólicas. O esforço dos fieis deve ser a construção do Reino, sendo ele equivalente à criação, ao cosmo.[18]

Como os seres humanos estão em diferentes estágios do caminho espiritual e, devido a seus temperamentos diferentes, são mais facilmente tocados por determinados enfoques, verificamos que o Mestre repetia seguidamente o mesmo ensinamento sob ângulos diferentes. A pedagogia divina visava facilitar o aprendizado dos filhos de Deus, levando em conta suas inúmeras limitações, repetindo a mesma lição de formas diferentes, até que ela fosse aprendida. O processo de renovação, ou renascimento interior, que ocorre com todo aquele que busca trilhar o caminho

---

[18] Vide: Matthew Fox, *Original Blessing* (Novo México, Bear & Co. Publishing, 1983), pp. 316-19.

espiritual, permite e, na verdade, assegura que, uma vez iniciado o processo de autotransformação, o devoto passará a incorporar em suas práticas exatamente aquilo que ele mais necessita para dar o próximo passo.

Por isso estamos confiantes que os ensinamentos essenciais que serão apresentados ao longo deste trabalho podem atender aos anseios da alma de todo aquele que busca o Reino. O Divino pedagogo nos legou alguns instrumentos que permitem integrar, de forma natural, a essência de seus ensinamentos transformadores em nossa vida. Esses instrumentos podem ser agrupados em dois níveis: (1) o fundamento de uma vida ética, para os que anseiam melhorar sua qualidade de vida, para assim promover a paz interior e a harmonia no âmbito familiar e social, e (2) a essência da vida espiritual, para os que sentem o chamado interno para entrar pela porta estreita e seguir o caminho apertado que leva ao Reino, ou seja, à experiência de Deus. Com esses instrumentos podemos restaurar a paz e o contentamento na nossa vida diária e atender aos anseios de nossas almas de acelerar nossa viagem de retorno à Casa Paterna, como filhos pródigos que somos.

4

PRIMEIRA ETAPA: A VIDA ÉTICA

Estabelecendo a fundação

A ética é geralmente confundida com a moral, e por boas razões, pois até mesmo os especialistas de filosofia moral não estão inteiramente de acordo sobre a repartição do sentido entre os dois termos: moral e ética.[19] A maior parte dos filósofos, porém, sugere que ética, do grego *ethos*, é a morada social do homem, a estrutura de seu comportamento social construída ao longo do tempo. Ético é tudo o que ajuda a tornar mais harmonioso o ambiente humano em suas dimensões material, psicológica e espiritual. Moral, do latim *mores*, expressa as tradições e os costumes de um povo, com seu sistema de valores. Cada cultura tem seu código moral. A moral deve ajustar-se, com o passar do tempo, às mudanças de valor da sociedade, para renovar-se em sintonia com a mais alta ética.

A construção da ética superior deve começar necessariamente por sua fundação. Para ser sólida, a fundação deve estar sobre a rocha, sempre que possível. Num sentido figurativo, a rocha sólida que constitui a base dos ensinamentos do Mestre deve, necessariamente, representar algum fundamento, alguma lei básica e imutável que tudo governa no mundo e cuja função seja promover o retorno à harmonia da vida no mundo. Qual seria esse fundamento de seu ministério? Podemos identificar alguma lei ou princípio harmonizador que está

---

[19] Vide Monique Canto-Sperber, *Dicionário de Ética e Filosofia Moral* (São Leopoldo, UNISINOS, 2003), vol. I, p. 591.

por trás de todos os fenômenos físicos, químicos, biológicos, psicológicos e espirituais?

Se procurarmos atentamente na Bíblia e em outros textos inspirados da tradição cristã, vamos verificar que essa lei que está por trás de todos os fenômenos no mundo é a lei de causa e efeito. No oriente ela é chamada de lei do carma, e ocupa um lugar central em todos os ensinamentos espirituais. A lei da causação universal, como é também chamada, é consequência natural da unidade de tudo o que existe no mundo, pois, se tudo vem de Deus e tem um papel no Plano Divino, tudo deve estar intimamente ligado e inter-relacionado. Para entendermos a unidade da vida, podemos considerar a Terra como um gigantesco organismo vivo do qual somos células, ignorantes de nossa unidade e interdependência como as células do corpo humano. Mas a ignorância da interdependência celular não isenta cada unidade da responsabilidade pelo cumprimento de seus deveres no conjunto do organismo. As falhas de uma unidade são sentidas pelo organismo como um todo e, consequentemente, afetam na mesma medida a célula que iniciou o movimento perturbador.

Em todos os planos e todas as áreas de nosso mundo, os efeitos seguem suas causas e, no devido tempo, retornam à sua fonte. Os cientistas identificaram essa lei que rege a natureza física, enunciada pela primeira vez em 1682, pelo físico Isaac Newton, sendo conhecida como a terceira lei de Newton: "A toda ação corresponde uma reação igual em sentido contrário." Por essa razão, a natureza na Terra, os planetas e as estrelas são também regidos pela inexorável lei da causação universal. Visto sob outro ângulo, a lei de causa e efeito é o inter-relacionamento de tudo o que existe no mundo. Esse inter-relacionamento sempre existiu, não tendo começo nem fim.

A lei de causa e efeito é particularmente importante na vida do homem. Tudo está regido por ela. Se comermos em demasia (a causa), sentiremos dor de barriga ou engordaremos (o efeito). Se pisarmos num caco de vidro, andando descalços, iremos cortar o pé e sentir dor. Mas as relações de causa e efeito não se limitam aos aspectos físicos de nossa vida. Os aspectos morais e psicológicos de nossa interação com o mundo também são regidos pela lei de retribuição universal. Os mandamentos de todas as religiões, instando o homem a não fazer o mal a seus semelhantes, são expressões naturais da "lei." A lei de retribuição fará com que a consequência do mal que causamos aos outros seja experimentada por nós, mais cedo ou mais tarde. O mesmo ocorre com o bem que fazemos: fazer o bem aos outros é semearmos felicidade para nós. Nesse sentido, a lei de retribuição universal poderia ser considerada, de forma simplificada, como um *boomerang* cósmico: tudo retorna ao seu ponto de origem, com a mesma natureza e intensidade.

Obviamente, Jesus deu uma posição de destaque para a operação da lei de causa e efeito em seu ministério, como se comprova em diversas passagens dos evangelhos. Uma dessas passagens relacionada à lei da causação universal, é muitas vezes entendida como se referindo à lei mosaica: "*Porque em verdade vos digo que, até que passem o céu e a terra, não será omitido nem um só i, uma só vírgula da lei, sem que tudo seja realizado*" (Mt 5:18). Como a lei mosaica, além da revelação dos dez mandamentos recebidos de Jeová no Monte Sinai, havia incorporado um grande número de preceitos tradicionais do povo judeu, Jesus não iria afirmar que essas leis dos homens, mutáveis como são, jamais seriam alteradas ou omitidas, *até que se passem o céu e a terra*. No entanto, a lei de causa e efeito, sendo uma lei cósmica que rege toda manifestação, é eterna e imutável. Tudo será realizado, ou seja, todos efeitos serão experimentados por seu causador. O fato de a lei mosaica incorporar vários costumes judaicos que não foram prescritos por Jeová é tornado explícito nos evangelhos, como por exemplo: "*Sabeis muito bem desprezar o mandamento de Deus para observar a vossa tradição*" (Mc 7:9); "*E vós, por que violais o mandamento de Deus por causa da vossa tradição?*" (Mt 15:3).

Em Mateus encontramos várias passagens relacionadas à justiça divina, dentre as quais destacamos: "*Todo aquele que se encolerizar contra seu irmão, terá de responder no tribunal; aquele que chamar ao seu irmão 'cretino' estará sujeito ao julgamento do sinédrio; aquele que lhe chamar 'louco' terá de responder na geena de fogo*" (Mt

5:22). "*Não julgueis para não serdes julgados. Pois com o julgamento com que julgais sereis julgados, e com a medida com que medis sereis medidos*" (Mt 7:1-2). "*Eu vos digo que de toda palavra inútil, que os homens disserem, darão contas no dia do julgamento*" (Mt 12:36). Na primeira passagem, as referências ao tribunal, ao sinédrio e à geena de fogo são alegorias que usam a linguagem e as instituições do povo hebreu naquela época para caracterizar a operação da justiça divina, tanto neste mundo como no outro (a geena de fogo dos judeus, por exemplo, tornou-se mais tarde o inferno dos cristãos). No caso do alerta contra nosso costume de julgar os outros, a lei do retorno é tornada clara: *não julgueis para não serdes julgados.* Também é mencionado que a retribuição será feita na mesma natureza e intensidade da ação inicial: *com a medida com que medis sereis medidos.* Jesus deixa claro que absolutamente nada escapa à lei, pois não só as palavras injuriosas serão objeto de retribuição da lei, mas até mesmo *toda palavra inútil.*

Uma das mais claras formulações da lei do retorno na Bíblia é feita por Paulo: "*Não vos iludais: de Deus não se zomba. O que o homem semear, isso colherá: quem semear na sua carne, na carne colherá corrupção; quem semear no espírito, do espírito colherá a vida eterna. Não desanimemos na prática do bem, pois, se não desfalecermos, a seu tempo, colheremos*" (Gl 6:7-9). Paulo chama atenção para o fato de que não há um limite temporal para colhermos o que plantamos. Ainda que a justiça divina possa tardar, de acordo com a nossa perspectiva temporal terrena, chegará o momento em que receberemos a justa medida de nossas boas ações e de nossos erros.

Em muitas tradições religiosas, inclusive na judaico-cristã, a lei de causa e efeito é geralmente chamada de justiça divina. Essa terminologia tende a levar o cristão a conceber o carma não como a operação de uma lei universal impessoal, mas como a retribuição a ser efetuada por uma divindade pessoal. Uma consequência desse entendimento distorcido da operação da justiça universal, como sendo efetuada pessoalmente por Deus, é a tendência natural de muitos devotos de procurarem fazer propiciações a Deus, com orações e intermináveis promessas para mudar as consequências de suas ações passadas sempre que a pesada, ainda que justa, mão da lei do carma faz-se sentir em suas vidas. Esse entendimento desvirtuado da lei dificulta o amadurecimento dos indivíduos.

Um empecilho adicional para o amadurecimento do devoto é o entendimento literal, portanto distorcido, de algumas passagens bíblicas, como por exemplo: "*Pedi e vos será dado; buscai e achareis; batei e vos será aberto; pois todo o que pede recebe; o que busca acha e ao que bate se lhe abrirá*" (Mt 7:7-8). Muitos invertem a relação Deus/homem, achando que Deus é um servo do homem, sempre à disposição para lhe conceder tudo o que venha a desejar. Na verdade, esse trecho deve ser entendido em conexão com a passagem em João: "*Se permanecerdes em mim e minhas palavras permanecerem em vós, pedi o que quiserdes e vós o tereis*" (Jo 15:7). O requisito explícito para obtermos de Deus tudo o que quisermos é permanecermos nele, é estarmos em sintonia com Sua Vontade. Para isso *suas palavras devem permanecer em nós,* ou seja, nossa vida deve ser guiada por Seus ensinamentos e Seu exemplo de vida aqui na Terra. Quando isso ocorre, transcendemos nossa natureza humana egoísta e tornamo-nos instrumentos perfeitos para a expressão da Vontade Divina neste mundo. Nesse caso, com toda razão, tudo o que o dedicado servo pedir a seu Senhor lhe será concedido. É nesse sentido também, que todo devoto sinceramente voltado para a busca da verdade, ao bater simbolicamente à porta do Mestre interior, vai verificar que ela será aberta, pois o fato de buscar já assegura o sucesso da obra, no seu devido tempo. Consequentemente, os pedidos de luz e de ajuda para encontrar forças para vencer as provações sempre serão atendidos, o que é bem diferente da expectativa de muitos fieis de que Deus venha a alterar nossas contas pendentes com a justiça universal.

O ser humano foi colocado por Deus na escola da vida provido de discernimento e de livre-arbítrio para efetuar seu aprendizado, como indicado por Paulo: "*Discerni tudo e ficai com o que é bom*" (1 Ts 5:21). Para isso ele deve assumir a responsabilidade por seus atos. Assim, deve estar preparado para colher a consequência de suas ações. Somente quando o homem torna-se inteiramente consciente da responsabilidade última por sua vida é que passa a vigiar suas ações, palavras e pensamentos. Quando isso ocorre, ele passa a construir sua vida de forma responsável e inteligente; a partir de então estará fazendo rápido progresso rumo ao Reino dos Céus.

A lei: garantia da justiça divina e da perfeição do homem

Alguns dos ouvintes de Jesus devem ter ponderado, como muitos cristãos nos dias de hoje, que a justiça divina não era certa, ou que pelo menos era demasiada lenta, para que Jesus dissesse: "*E Deus não faria justiça a seus eleitos que clamam a ele dia e noite, mesmo que os faça esperar? Digo-vos que lhes fará justiça muito em breve*" (Lc 18:7-8). Ainda que a justiça divina possa tardar no conceito temporal dos homens, que gostariam de ver uma retribuição quase que instantânea, ela chegará impreterivelmente. O efeito deve seguir a causa, assim como o dia segue a noite, porque a lei transcende o tempo e o espaço. A justiça sempre será feita no seu devido tempo. Aparentemente, no entanto, alguns homens desonestos, corruptos e crueis parecem escapar da justiça dos homens e da de Deus durante toda a vida. Ainda que isso possa realmente ocorrer em alguns casos, um outro fato assegura que, no seu devido tempo, a justiça será feita. Esse fato é a reencarnação, uma realidade conhecida e aceita pela maior parte dos povos antigos, inclusive pelos judeus.

Dentre as diferentes seitas judaicas, somente os saduceus não acreditavam na reencarnação. Os fariseus, essênios e cabalistas aceitavam a reencarnação, geralmente referida como ressurreição. De acordo com o historiador judeu Flávio Josefo (37-103 d.C.), em sua obra *História dos Hebreus*, os fariseus tinham uma crença um tanto curiosa, pois para eles as almas imortais eram julgadas após a morte do corpo físico, sendo recompensadas ou castigadas segundo foram em sua vida terrena. Segundo eles, as almas dos ímpios eram retidas prisioneiras nesse outro mundo, enquanto as almas dos justos voltavam à Terra para progredir rumo à perfeição.

O termo bíblico usado para referir-se à reencarnação é 'ressurreição'. Para os judeus, a palavra ressurreição pode ser entendida como ressurgir, regressar ou levantar-se do lugar onde se estava deitado, retornar ao ponto de partida. Na Septuaginta (Antigo Testamento traduzido para o grego) e no Novo Testamento, o termo grego usado é *palingenesia* (*palis* = de novo; *gênesis* = nascimento). Os cristãos ortodoxos que acreditam na 'ressurreição da carne' deveriam ponderar como sua crença se conforma com o ensinamento de Paulo de que "*a carne e o sangue não podem herdar o Reino de Deus, nem a corrupção herdar a incorruptibilidade*" (1 Co 15:50), ensinamento também registrado por João: "*O Espírito é que vivifica, a carne para nada serve*" (Jo 6:63).

O ser humano não é seu corpo físico. Esse corpo é apenas sua roupagem de carne, o instrumento de experimentação no mundo físico usado pelo verdadeiro homem, a alma. Essa roupagem física é usada pela alma até que venha a ser descartada, como faz o homem com suas roupas estragadas ou velhas e sem utilidade. O homem, à semelhança das plantas sazonais, nasce, cresce e, ao fim da estação, morre, para renascer no ciclo seguinte da semente que deixou para trás. Esse é o sentido do carma, a vida continua e nada é jamais perdido na vida do ser humano. É por isso que Paulo dizia: "*Não desanimemos na prática do bem, pois, se não desfalecermos, a seu tempo, colheremos*" (Gl 6:9). A lei não tem nenhuma limitação temporal. Se as circunstâncias da vida não permitirem que venhamos a colher os frutos de nossas boas ações ou pagar o preço de nossos erros na atual encarnação, todas essas ações, positivas e negativas, permanecerão registradas no arquivo divino indelével, para serem relembradas e recompensadas na ocasião propícia, ainda que isso possa demandar várias encarnações, ou alguns milhares de anos.

Essas verdades já eram conhecidas pelos antigos judeus. O salmista contrasta a imutabilidade do Senhor com a constante mudança dos homens: "*Eles perecem, mas tu permaneces, eles todos ficam gastos como roupas, tu os mudarás como veste, eles ficarão mudados, mas tu existes, e teus anos jamais findarão!*" (Sl 102:27-28). Os corpos físicos dos homens são apresentados nessa passagem, como na tradição oriental, como vestimentas do espírito que habita no homem, que de tempos em tempos são trocadas. A reencarnação representa a periódica mudança exterior, após a passagem do homem pelo *Xeol* (o *Hades* dos hebreus), com a morte do corpo físico.

A reencarnação é um elemento imprescindível no Plano Divino. Nosso ideal último de perfeição registrado pelo próprio Mestre na famosa injunção: "*Deveis ser perfeitos como o vosso Pai celeste é perfeito*" (Mt 5:48), só poderá ser alcançado se tivermos um número considerável de oportunidades para cursar a escola da vida, já que o currículo para graduação na perfeição é extenso e, com frequência, temos que repetir a mesma matéria várias vezes até aprender aquela virtude com maestria. O eterno processo evolutivo, governado pelas leis dos ciclos e de causa e efeito, fará com que toda alma retorne à escola da vida, por muitas e muitas vezes, para continuar seu progresso, retomando a vida do ponto em que havia alcançado anteriormente, tanto no que se refere a dons desenvolvidos como a fraquezas e vícios. É nesse sentido que o homem é o criador de seu próprio microcosmo, criando as condições que terá que enfrentar no futuro por meio de suas ações, palavras e pensamentos no presente.

A concepção teológica de que Deus nos dá situações inteiramente diferentes na vida, e que mesmo assim todos devem obter o mesmo resultado, ou seja, a perfeição numa única vida, é um atentado à inteligência e ao bom-senso. Procuremos imaginar Deus criando todo o Universo, levando para isso mais de doze bilhões de anos, promovendo um complexo processo evolutivo em nossa Terra, envolvendo periódicos movimentos tectônicos, dramáticas transformações geológicas e progressivas transformações da flora e da fauna por mais de quatro bilhões de anos, para que tivéssemos agora condições excepcionais para a vida humana. Depois de construir laboriosamente esse imenso cenário cósmico, esse Deus sábio, implementando Seu Plano grandioso e complexo com infinita paciência, estabelece para o homem, a obra prima de toda a criação, a meta de alcançar a perfeição. Imaginemos agora, que depois de todo esse imenso e lento trabalho, por razões que escapam ao nosso entendimento, Deus de repente se tornasse impaciente e exigisse que seus filhos alcançassem a perfeição numa única vida, apesar de todas as diferenças de oportunidades que seriam dadas a eles. Poderíamos conceber agora que Deus, movido pela divina compaixão, já que Deus é amor incondicional, condenasse todos seus filhos amados que falhassem nessa dificílima missão a sofrer tormentos excruciantes e inconcebíveis num inferno eterno? Esse Deus só pode ser concebido por mentalidades desinformadas ou até mesmo doentias, que vicejam em indivíduos alienados dos verdadeiros ensinamentos do Mestre de amor.

As diferentes encarnações nada mais são do que a operação da lei dos ciclos, ditada pela necessidade da lei de causa e efeito, para que todos os efeitos sejam experimentados por seu causador original. Se não houvesse reencarnação não seria possível a operação da justiça divina assegurando que a retribuição ocorra sempre na mesma intensidade e natureza da causa original. Alguns teólogos alegam que a justiça divina será realizada depois desta vida, no céu ou no inferno. Mas, como criaram um céu e um inferno eternos, criaram também uma eterna injustiça teológica (não-divina), pois nem a intensidade nem a natureza original serão respeitadas nesse céu ou inferno. Ora, se o inferno é eterno, um erro que tivesse resultado num sofrimento de duração limitada para nosso próximo, seria castigado com um sofrimento eterno, o que seria uma intensidade infinitamente maior do que o efeito causado, o que iria contra a justiça divina. Além disso, a natureza do prêmio ou do castigo não seria respeitada, pois esses seriam concedidos num 'lugar' diferente das condições terrenas. Os judeus já sabiam que o castigo no inferno não era eterno, como indicado na passagem: "*O Senhor é compaixão e piedade, lento para a cólera e cheio de amor; ele não vai disputar perpetuamente e seu rancor não dura para sempre*" (Sl 103:8-9). A palavra 'disputar' seria mais apropriadamente traduzida como 'repreender', e 'rancor' como 'ira'. A ira e a repreensão do Senhor referem-se à operação da lei do carma por meio da reencarnação.

O carma e a reencarnação são componentes intimamente ligados da lei dos ciclos, pela qual o grande Plano Divino segue seu curso em nosso planeta. Se a única justiça existente fosse a dos homens, o mundo seria um caos insuportável, regido pela lei da selva que prioriza sempre o mais forte. Mas a justiça divina opera por meio da lei de causa e efeito, sem nenhum limite temporal em virtude das reencarnações periódicas das almas ao longo dos milênios, até que, após incontáveis eras, o Plano Divino seja consumado na harmonia e perfeição do Reino de Deus na Terra, com toda a humanidade fazendo parte da grande Comunhão dos Santos.

Um número crescente de pessoas vem passando por experiências que confirmam, ao menos para elas, terem vivido outras vidas no passado. Em alguns casos essas experiências ocorrem naturalmente, como resultado de uma memória subliminar que permite, geralmente a crianças e jovens que reencarnaram poucos anos depois de sua morte, recordarem-se com grande detalhe de sua vida anterior. Mas a maior fonte de informação tem sido obtida em estados alterados de consciência em que são feitas regressões a vidas passadas. Alguns médicos e sensitivos desenvolveram técnicas que permitem essas regressões com resultados terapêuticos surpreendentes, pois identificam a razão de certos desvios comportamentais possibilitando sua cura.[20]

Dentre os estudiosos da técnica de terapia de vidas passadas destaca-se o Dr. Ian Stevenson, professor de pós-graduação em psiquiatria na Universidade de Virgínia, que constatou mais de oitocentos casos de evidência reencarnacionista. Outro eminente estudioso é o Dr. Brian Weiss, diretor de psiquiatria do *Mount Sinai Medical Center* de Miami. Apesar de seu ceticismo inicial, o Dr. Weiss verificou que pacientes induzidos a viagens astrais (fora do corpo) relatavam situações contrárias às suas crenças religiosas. No caso desses pesquisadores, as conclusões sobre a realida-

---

[20] Vide, por exemplo, Patrick Drouot, *Reencarnação e Imortalidade; Das Vidas Passadas às Vidas Futuras* (Editora Nova Era, 1998).

de da reencarnação foi um corolário da prática de regressão utilizada como instrumento terapêutico, geralmente sob hipnose, para tratamento e cura de diversas patologias e problemas de ordem física, emocional ou comportamental que resistiram a outras terapias convencionais.

Mas, se a reencarnação é uma realidade, duas perguntas precisam ser respondidas: (1) existe alguma menção dela na Bíblia? e (2) por que a Igreja afirma que ela não existe? Essas são perguntas inteiramente pertinentes que merecem ser devidamente exploradas.

A Bíblia contém várias referências à reencarnação, algumas claras e outras veladas. No Antigo Testamento, encontramos a passagem em que Jeová afirma: "*Sou um Deus ciumento, que pune a iniquidade dos pais sobre os filhos até a terceira e quarta geração dos que me odeiam, mas que também ajo com amor até a milésima geração para aqueles que me amam e guardam meus mandamentos*" (Ex 20:5-6). Se essa passagem for tomada em seu sentido literal, estaria descrevendo a ação de um monstro cruel e sanguinário, que, para saciar sua sede de vingança, persegue seus inimigos até a quarta geração. Essa não pode ser de forma alguma a caracterização do Pai celestial. Dois grandes profetas de Israel, Jeremias e Ezequiel, esclareceram que os filhos não pagam pela iniquidade dos pais e nem os pais pelos erros dos filhos (Je 31:29 e Ez 18:20). Portanto, quando Jeová afirma ser um Deus zeloso que visita a maldade dos pais nos filhos até a terceira e quarta gerações, o entendimento literal da passagem é impossível, pois estaria em contradição com os esclarecimentos daqueles profetas e iria contra a justiça e misericórdia divinas.

No seu sentido alegórico, porém, os que odeiam a Jeová são aqueles que não cumprem seus mandamentos. Além disso, Jeová representa a operação impessoal da lei de causa e efeito. A punição ou recompensa concedida (simbolicamente até a quarta ou a milésima geração) refere-se realmente às reencarnações daquela alma, até que a justiça divina tenha sido alcançada, pois para o carma não há limitação temporal. A referência bíblica ao castigo dos filhos do pecador tem uma razão esotérica para isso. Como cada homem é o criador de sua própria vida, por meio da lei de causa e efeito, sua futura encarnação pode apropriadamente ser concebida como sendo seu 'filho'. A vida continua sempre! As tendências observadas em cada pessoa são expressões das tendências adquiridas em vidas passadas. Tudo tem sua origem no tempo e no espaço.

Temos no Antigo Testamento, no Livro da Sabedoria de Salomão, uma das passagens mais claras e explícitas sobre a realidade da reencarnação como era entendida e aceita pelos judeus: "*Eu era um jovem de boas qualidades, coubera-me, por sorte, uma boa alma; ou antes, sendo bom, entrara num corpo sem mancha*" (Sb 8-19-20). De acordo com a atual doutrina da Igreja, Deus cria uma alma nova por ocasião da geração de cada ser humano, entendido como o corpo físico. Se essa doutrina fosse a expressão da realidade, como a pessoa que ainda estava em gestação, ou em processo de nascimento, já poderia ser caracterizada como tendo boas qualidades para então merecer uma boa alma? Como seria possível, na segunda parte da passagem, que a pessoa fosse caracterizada como sendo boa, para então entrar num corpo sem mancha, a não ser que já tivesse vivido antes?

Outra alusão à reencarnação é encontrada em Jeremias, quando o Senhor dirige-se a ele dizendo: "*Antes mesmo de te formar no ventre materno, eu te conheci; antes que saísses do seio, eu te consagrei, Eu te constituí profeta para as nações*" (Je 1:5). Se Jeremias já era conhecido do Senhor antes da concepção, então a doutrina da Igreja que a alma é criada por Deus no momento da concepção é falsa. Jeremias foi escolhido para ser profeta em virtude de suas realizações em outras vidas, que o tornaram capacitado para uma nova missão, importante e difícil.

Talvez a mais direta passagem bíblica sobre a reencarnação seja aquela referente à vinda de Elias (profeta judeu que, no século IX a.C., foi elevado ao céu num carro de fogo e que deveria retornar, no seu devido tempo, como precursor do Messias) referida por Malaquias (Ml 3:23-24) como aquele que viria para preparar o caminho do Senhor: "*Eis que vos enviarei Elias, o profeta, antes que chegue o Dia do Senhor, grande e terrível.*" A promessa de

Jeová deixa claro que a reencarnação era conhecida e aceita pelos judeus, para que Elias fosse enviado à Terra mais uma vez, obviamente com um novo corpo físico e uma nova personalidade, nesse caso como João Batista. Uma promessa divina dessa monta só seria feita para um propósito muito específico e importante: "*Eis que vou enviar o meu mensageiro para que prepare um caminho diante de mim*" (Ml 3:1).

A realização da promessa de Jeová é finalmente anunciada a Zacarias, sacerdote do Templo, por um anjo do Senhor, dizendo que sua mulher, Isabel, iria lhe dar um filho (Lc 1:12), apesar de ambos serem bem idosos. O anjo anuncia, ademais, que esse filho iria converter muitos dos filhos de Israel ao Senhor: "*Ele caminhará à sua frente, com o espírito e o poder de Elias*" (Lc 1:17). Na sequência dessas profecias, Jesus confirma que João Batista era a reencarnação de Elias. "*Os discípulos perguntaram-lhe: 'Por que razão os escribas dizem que é preciso que Elias venha primeiro?' Respondeu-lhes Jesus: 'Certamente Elias terá de vir para restaurar tudo. Eu vos digo, porém, que Elias já veio, mas não o reconheceram. Ao contrário, fizeram com ele tudo quanto quiseram. Assim também o Filho do homem irá sofrer da parte deles.' Então os discípulos entenderam que se referia a João Batista*" (Mt 17:10-13).

Numa outra ocasião, Jesus perguntou a seus discípulos: "*Quem dizem os homens ser o Filho do homem? Disseram: 'Uns afirmam que é João Batista, outros que é Elias, outros ainda, que é Jeremias ou um dos profetas'*" (Mt 16:13-14). Nenhuma das respostas aventou a possibilidade de Jesus ser o Filho de Deus, mas sim um dos grandes profetas da antiguidade, mostrando que a crença na reencarnação era comum naquele tempo e que Jesus era tido como um grande mestre mas não como um ser divino. Também não existe nenhuma indicação de que Jesus teria condenado ou procurado corrigir a opinião das pessoas, deixando entender que ele poderia ser a reencarnação de um dos profetas. Como instrutor da verdade, se a reencarnação fosse uma doutrina falsa, Jesus certamente teria aproveitado a oportunidade para corrigir esse erro.

Várias outras passagens indicam a aceitação da reencarnação (Lc 1:13-17; Mt 17:9-13; Jo 3:1-15; Mc 8:27-30, Lc 9:18-

20), porém, como essa era uma doutrina corrente, Jesus geralmente referia-se a ela de forma indireta, sabendo que o povo entenderia seu significado. Um caso em pauta é a história do cego de nascença: "*Ao passar, ele viu um homem, cego de nascença. Seus discípulos lhe perguntaram: 'Rabi, quem pecou, ele ou seus pais, para que nascesse cego?' Jesus respondeu: 'Nem ele nem seus pais pecaram, mas é para que nele sejam manifestadas as obras de Deus'*" (Jo 9:1-3). Jesus, para quem o passado e o futuro eram como um livro aberto, respondeu que nem aquele homem nem seus pais haviam pecado para que a retribuição cármica se fizesse sentir nele. A afirmação de que a cegueira era para que se manifestassem as obras de Deus deve ser entendida como a expressão inexorável da lei de retribuição, que pode tardar, mas que será sentida no seu devido tempo, na mesma vida ou numa outra encarnação. Obviamente, o bebê não poderia ter cometido um pecado grave no útero da mãe para merecer nascer cego. A manifestação das obras de Deus, referida por Jesus, foi uma forma velada de afirmar simbolicamente que a justiça divina estava se manifestando naquele ser desde seu nascimento, o que só poderia ocorrer se o pecado tivesse sido cometido numa encarnação anterior. E o povo entendeu perfeitamente, pois não houve perguntas adicionais.

A parábola dos talentos (Mt 25:14-30) é mais um exemplo bíblico da operação da lei do carma no contexto de diferentes encarnações. Sua interpretação literal levaria o cristão a acreditar que Deus é parcial e arbitrário, pois não distribui igualmente seus bens, os talentos mencionados na parábola, aos seus servos. Para uma interpretação espiritual da parábola, precisamos, em primeiro lugar, ter em mente que a divindade (o senhor da história), ainda que apresentada como uma entidade pessoal, na verdade representa a operação das leis universais impessoais que regem a manifestação de nosso mundo. Portanto, 'o senhor' está sendo perfeitamente justo ao entregar a cada um dos três servos quantias diferentes: cinco, dois e um talento, "*a cada um de acordo com a sua capacidade.*" Em cada encarnação, cada ser humano recebe sua bagagem cármica estritamente de acordo com sua capacidade, ou seja, de acordo com os méritos acumulados em vidas anteriores. Se o processo evolutivo não funcionasse dessa forma, fica difícil explicar como surgem os gênios da humanidade (das artes, da matemática, das ciências etc.), que desde criança demonstram talentos excepcionais, que não podem ser explicados meramente em função do ambiente em que vivem. Esses dons extraordinários das crianças-prodígio só podem ser explicados pela reencarnação, pois, em cada vida, o ser humano continua seu processo evolutivo do ponto em que havia chegado em sua encarnação anterior. Por exemplo, Mozart compôs aos 5 anos uma sinfonia e aos 11, duas óperas; Beethoven era um músico de talento aos 10 anos; Paganini, o maior violinista que existiu, deu, aos 9 anos, um notável concerto em Gênova; Lizst, deu aos 9 anos seu primeiro concerto e aos 14 compôs uma ópera; Michelangelo, aos 8 anos conhecia todos os segredos da arte; William Sidis, aos 2 anos lia e escrevia, aos 4 falava 4 línguas, aos 10 resolvia os mais complexos problemas de geometria, fazendo uma conferência notável sobre a Quarta Dimensão.

Mas, como Jesus já tinha alertado em outra ocasião, "*Àquele a quem muito se deu, muito será pedido, e a quem muito se houver confiado, mais será reclamado*" (Lc 12:48). A grande lei espera que cada um de nós retorne à família humana ou mesmo à natureza os benefícios recebidos e de acordo com o que lhe foi concedido. Para aqueles que dão o seu devido retorno, a lei, que é a expressão de Deus, concederá o prêmio de receber, na próxima encarnação, os dons e as qualidades desenvolvidos até então, bem como maiores oportunidades, para que possam continuar a atuar na seara do Senhor com responsabilidades cada vez maiores. O carma é, portanto, o sustentáculo do processo evolutivo.

Mas, se a reencarnação é mencionada na Bíblia, por que a Igreja não aceita essa verdade reconhecida por todas as outras grandes tradições espirituais? A resposta a esse enigma requer uma incursão nos meandros da política teológica da Igreja durante os primeiros séculos da história do cristianismo.

Paradoxalmente, a condenação da doutrina da reencarnação pela Igreja ocorreu de forma circunstancial e indireta. Ela foi consequência de uma solução política desastrada para a controvérsia que perdurou por vários séculos devido ao estabelecimento da doutrina da divindade de Jesus. A definição da natureza divina de Cristo, apesar de estabelecida no Concílio de Niceia (325 d.C.), continuou a encontrar resistência em muitas correntes de opinião dentro da Igreja, principalmente na Europa, sendo geralmente referida como a questão ariana. Essa controvérsia criou problemas políticos de diferentes naturezas para vários papas e imperadores. O Imperador Justiniano, em particular, tentou em várias ocasiões encontrar uma solução para a disputa. Finalmente, no Segundo Concílio de Constantinopla, convocado pelo próprio Imperador, em 553, apesar do boicote do Papa Virgílio e de grande parte dos bispos ocidentais (somente 165 bispos participaram, sendo 159 da Igreja Oriental), foi reiterada a condenação do 'arianismo,' como queria o Imperador. Essa vitória foi obtida por meio da condenação das doutrinas defendidas por três teólogos mortos há muitos anos, conhecida como a condenação dos escritos dos Três Capítulos. Dentre esses estudiosos estava Orígenes, profundo conhecedor da tradição cristã, respeitado por todos que conheciam suas obras. Como se não bastasse a condenação de seus escritos, Orígenes foi então excomungado quase três séculos após sua morte.[21]

Uma razão adicional para que Orígenes fosse condenado é o fato dele ter feito inimigos dentro da hierarquia clerical ao criticar as alterações efetuadas nas Escrituras. Ele indicou que ocorreram sérios desvios textuais nas cópias das Escrituras, pelo descuido de alguns escribas, pela audácia perversa de certos exegetas e até mesmo por adições ou supressões arbitrárias. Uma triste consequência dessa condenação para o cristianismo é o fato de que entre os escritos condenados de Orígenes estava a doutrina da preexistência da alma, implícita na reencarnação. A partir de então a Igreja sustenta a doutrina ilógica de que com a geração de cada ser humano, subentendido como sendo o corpo mortal, Deus cria uma alma imortal.

---

[21] *Saints and Sinners, A History of the Popes*, op.cit., p. 44.

Uma importante razão pela qual a Igreja Romana não corrigiu mais tarde a decisão absurda do Segundo Concílio de Constantinopla exigida pelo Imperador Justiniano, foi a prática estabelecida da 'venda de indulgências', que criou uma considerável fonte de renda para os cofres do Vaticano. Um nobre ou um comerciante abastado que comprasse uma indulgência tinha a sua 'salvação' garantida pelo papa. Ora, se a doutrina da reencarnação fosse reinstituída oficialmente, não seria mais possível a venda das indulgências, pois seria do conhecimento de todos que as almas devem retornar à Terra em novos corpos, em condições determinadas pela lei da retribuição universal, para que a justiça divina fosse cumprida e o indivíduo tivesse a oportunidade de progredir rumo à meta final da vida: a perfeição.

Apesar da reencarnação ser condenada oficialmente pela Igreja, um número crescente de padres e pastores já ousa se manifestar em particular ou mesmo em público no sentido de que a reencarnação é uma realidade e que foi ensinada por Jesus, e como tal aceita pela maioria dos seguidores do Mestre durante os dois primeiros séculos de nossa era. Esperamos que a Igreja, que em anos recentes tem mostrado crescentes sinais de abertura, venha a reconhecer a situação de incoerência a que foi levada pelo ato insensato do Imperador Justiniano, sob protesto do Papa Virgílio, e volte a aceitar essa lei universal ensinada por Jesus, que é tão importante para o nosso entendimento da justiça divina.

A regra de ouro

Ainda que o devoto possa estar convencido de que a lei de causa e efeito é de fundamental importância para plasmar sua vida futura, da mesma forma como o presente é a consequência de seus atos, palavras e pensamentos no passado, nem sempre fica claro como esse conhecimento pode ser usado de forma prática para orientar sua vida atual. O Divino pedagogo, sabendo das dificuldades usuais da mente humana em traduzir conhecimento geral em ação prática, legou-nos uma norma infalível para orientar nosso comportamento diário. Ela é conhecida na tradição cristã como "a regra de ouro."

Entre os maravilhosos ensinamentos do Mestre apresentados no Sermão da Montanha, encontra-se o fundamento da ética superior, o padrão que deve orientar a vida de todo aquele que deseja melhorar sua vida e ser feliz. Essa regra, ainda que aparentemente simples, resume a essência de tudo aquilo que o homem deve fazer para, no seu devido tempo, tornar-se um verdadeiro discípulo: "*Tudo aquilo, portanto, que quereis que os homens vos façam, fazei-o vós a eles, pois esta é a Lei e os Profetas*" (Mt 7:12). Temos aqui a referência à Lei, a nossa conhecida lei da retribuição, que serviu de fundamento para os ensinamentos dos Profetas. No Antigo Testamento, essa regra foi formulada em sua forma negativa: "*Não faças a ninguém o que não queres que te façam*" (Tb 4:15). A norma proposta pelo profeta Tobias reflete o grau evolutivo do povo judeu naquela época. A ênfase do ensinamento divino focava-se em não praticar o mal. Mas ainda que essa norma seja necessária para a vida do homem em sociedade, para a vida espiritual não é suficiente simplesmente não fazer o mal. O discípulo do Senhor tem que aprender a fazer o bem. Esses dois estágios também foram identificados em outras tradições; por exemplo, o Senhor Buda, ao ser solicitado a resumir seus ensinamentos, disse: "Cessai de fazer o mal, aprendei a fazer o bem." Vemos, portanto, que o enfoque proposto por Jesus representa um considerável avanço na formulação da ética superior dentro da tradição judaica.

A orientação para fazermos aos outros o que queremos que os outros nos façam está fundamentada na lei de causa e efeito, pois nossas ações para com as pessoas que nos cercam resultarão, no seu devido tempo, em ações semelhantes direcionadas a nós. Jesus formula essa regra de ouro de forma eminentemente prática. Sabendo que as pessoas, tanto no tempo em que ele pregou como nos dias de hoje, estão essencialmente voltadas para o cuidado de si mesmas, ele estabelece que o padrão do nosso comportamento para com os outros deve ser exatamente aquele que gostaríamos de receber dos outros. O nosso egoísmo é, nesse caso, usado como um instrumento para nos tornar altruístas.

Em vez de meramente nos instar a evitar as negatividades, o Mestre nos direciona sutilmente para o desenvolvimento das virtudes, pois essas são antídotos naturais contra os vícios e as fraquezas. Portanto, se quisermos que os outros sejam honestos em seus negócios conosco, devemos ser honestos com eles; se quisermos que os outros sejam sinceros conosco, devemos ser verdadeiros com eles; se quisermos que sejam pacientes e compreensivos conosco, devemos ser pacientes e compreensivos com eles; se quisermos que sejam bondosos e amáveis conosco, devemos ser bondosos e amáveis com eles. Temos aí a fórmula simples e prática que almejávamos para guiar nossa vida diária.

Mesmo nas situações mais delicadas de nossa vida, teremos sempre orientação confiável ao seguirmos a regra de ouro. Talvez, um bom exemplo seja o das situações em que julgamos ter sofrido uma injustiça. Alguém fez ou falou algo que nos parece ofensivo. O que gostaríamos que os outros fizessem conosco se a situação fosse invertida? Muitas vezes estamos irritados ou desatentos e não temos realmente o propósito de magoar os outros. Por que não mostrarmos a compreensão e paciência que gostaríamos de receber dos outros quando estamos tensos e irritados?

Lembremo-nos, também, de que não só as ações dos outros podem nos causar sofrimento, mas que, muitas vezes, sofremos pela inação de nosso próximo. A falta de atenção que os outros podem mostrar para com nossos momentos difíceis na vida, o desprezo quando a ajuda é necessária, a desconsideração para com nosso sofrimento ou necessidade óbvia, todas essas omissões também são resolvidas pela regra de ouro. Jesus nos alertou de forma enfática para o pecado da omissão quando disse: "*Ai de vós, escribas e fariseus, hipócritas, que pagais o dízimo da hortelã, do endro e do cominho, mas omitis as coisas mais importantes da lei: a justiça, a misericórdia e a fidelidade*" (Mt 23:23). Não basta nos preocuparmos com os pequenos detalhes prescritos para a nossa vida diária, devemos estar atentos às coisas mais importantes que se esperam de um verdadeiro cristão: a justiça (até nos pensamentos), a compaixão e a responsabilidade para com nossos deveres e compromissos.

Nossa vigilância deve ir além dos atos e palavras, para incluir também nossos pensamentos. Como gostaríamos que os outros pensassem a nosso respeito: reforçando as negatividades ou fraquezas que por ventura possamos ter e assumindo que temos motivações ou interesses escusos? A mente do homem é a maior fábrica de intrigas que existe no mundo. Ainda que possa parecer que nossos pensamentos estão restritos ao âmbito de nossa cabeça e não atingem as pessoas, isso é um erro. Os pensamentos, como tudo o que ocorre e existe no mundo, são vibrações que se espalham pelo meio ambiente mental, afetando, ainda que de forma sutil, as pessoas a quem se referem. Além disso, o pensamento é a etapa de gestação de uma futura palavra ou ação. Por essa razão Jesus nos ensinou que: "*A boca fala daquilo que o coração está cheio*" (Mt 12:34). Por todas essas razões, também devemos pensar a respeito dos outros como gostaríamos que pensassem a nosso respeito.

Porém, um ensinamento só afeta nossa vida quando é colocado em prática. Jesus foi muito enfático sobre esse ponto ao dizer: "*Todo aquele que ouve essas minhas palavras e as põe em prática será comparado a um homem sensato que construiu a sua casa sobre a rocha. Caiu a chuva, vieram as enxurradas, sopraram os ventos e deram contra aquela casa, mas ela não caiu, porque estava alicerçada na rocha. Por outro lado, todo aquele que ouve essas minhas palavras, mas não as pratica, será comparado a um homem insensato que construiu a sua casa sobre a areia. Caiu a chuva, vieram as enxurradas, sopraram os ventos e deram contra aquela casa, e ela caiu. E foi grande sua ruína!*" (Mt 7:24-27). A casa representa a natureza exterior do homem. Quer o homem seja sensato ou insensato, as tentações e provações, simbolizadas pela chuva, pelas enxurradas e pelos ventos, irão minar a resistência da alma. Porém, se sua vida exterior estiver alicerçada na rocha da prática dos ensinamentos do Mestre, ele não se deixará abater e permanecerá firme em meio a todas as provações. No entanto, o cristão que aprende os ensinamentos sem colocá-los em prática, estará alegoricamente construindo sua vida sobre a areia e, mais cedo ou mais tarde, entrará em colapso moral e grande será a ruína de sua alma.

Para que a regra de ouro possa realmente orientar todos os passos de nossa vida, temos que a tornar operacional, lembrando-nos dela a todo instante ou pelo menos de manhã e em outros momentos preestabelecidos. É importante, também, meditarmos periodicamente sobre como gostaríamos de ser tratados se estivéssemos na posição de cada um de nossos filhos, nosso companheiro(a) de vida, nossos pais, amigos, colegas de trabalho, chefe, subordinados, empregados domésticos, atendentes de lojas etc. Essa consideração da posição do outro, do ponto de vista ou interesse das pessoas que nos cercam, é extremamente importante. Se realmente adotarmos essa postura, procurando imaginar-nos na posição do outro, teremos dado um passo gigantesco na vida espiritual, pois estaremos quebrando a rígida estrutura do egoísmo que até então governava nossas vidas. Muito rapidamente vamos verificar que, por termos mudado a nossa atitude interior, nossa vida exterior vai mudar também. A cordialidade, sinceridade, compreensão e empatia que estaremos devotando aos outros, retornará para nós na forma de um ambiente de harmonia, paz e crescente felicidade.

Na medida em que nossa rotina diária passar a ser regida pela regra de ouro, poderemos aprofundar e consolidar a ética superior em nossa vida por meio de um estudo meditativo sobre o âmago dos ensinamentos do Mestre: o Sermão da Montanha. Os ensinamentos apresentados no Sermão, que compreende os capítulos 5, 6 e 7 do Evangelho de Mateus, provavelmente não foram todos apresentados num único dia e no mesmo lugar. Pela sua extensão e abrangência, é mais provável que seja uma coletânea de ensinamentos, em linguagem mais direta, dados aos discípulos quando estavam num estado elevado de consciência (simbolizado pela elevação topográfica da montanha), e que foram transmitidos ao longo do ministério de Jesus, tendo sido, contudo, reunidos em um só lugar por Mateus. Tanto assim que nos outros evangelhos eles não estão reunidos num só lugar nem são apresentados em sua totalidade. Aquele que for capaz de entender todas as implicações desses ensinamentos e **praticá-los** já terá assegurado a sua condição de discípulo do Mestre.

A prática da regra de ouro mudará radicalmente nossa atitude frente à vida. Passaremos a ser mais responsáveis em nossos relacionamentos e, com isso, criaremos um ambiente mais harmônico ao nosso redor. Mas esse conhecimento transformador não deveria ser restrito àqueles que buscam as verdades um tanto esquecidas de nossa tradição cristã. Dado seu potencial para promover a paz e a harmonia social, deveria ser incluído, juntamente com o meio ambiente, no currículo de nossas escolas. Assim como a disseminação das noções básicas de higiene aos diferentes segmentos da população diminuiu consideravelmente a incidência de doenças infecto contagiosas na sociedade moderna, a disseminação do conhecimento da lei de causa e efeito e de sua implementação prática por meio da regra de ouro como parte do currículo escolar em todos os níveis, muito contribuiria para a criação de um ambiente social mais justo e harmônico.

Porém, não basta estarmos conscientes da lei divina e decidirmos que nossa vida passará a ser orientada por ela. Sabemos que os hábitos adquiridos tornam-se uma segunda natureza e são difíceis de mudar. Na prática, tudo parece conspirar para que retornemos à velha atitude egoísta de desconsiderar o interesse dos outros. Para garantirmos o sucesso da mudança do homem velho no homem novo de que fala Paulo, teremos que montar uma estratégia como fazem os administradores profissionais.

Uma vez tomada a decisão sobre o objetivo a ser alcançado e sobre o método a ser empregado para a sua realização, tornase necessário estabelecer um sistema de monitoramento do progresso diário do empreendimento. Esse sistema de monitoramento de nossa vida pode ser efetuado por meio da revisão diária, também chamada de 'exame de consciência' na tradição cristã. Para isso devemos dedicar uns 5 a 10 minutos, de preferência no final do dia, para efetuarmos uma revisão objetiva de nosso comportamento para com os outros, verificando em que ocasiões nossas ações, palavras e pensamentos foram guiados pela regra de ouro e as outras ocasiões em que os velhos hábitos levaram a melhor. Podemos estar certos de que, por algum tempo, ainda estaremos sob a influência de nossa atitude de miopia egoísta anterior. Mas, se detectarmos os tipos de situações em que isso acontece, bem como a motivação que nos leva a agir assim, aos poucos iremos eliminando cada uma das situações em que tendemos a deixar que nosso lado sombra leve a melhor. Mas isso só poderá ser feito se o processo de monitoramento da revisão diária tornar-se uma rotina.

5

SEGUNDA ETAPA: A VIDA ESPIRITUAL

A decisão de progredirmos do objetivo mais limitado de vivermos uma vida ética para o objetivo mais ambicioso de seguirmos a vida espiritual virá naturalmente quando estivermos maduros, ou seja, quando estivermos convencidos que a vida material não atende nossas aspirações por uma vida mais plena e feliz e, portanto, nossa alma ansiar pela Presença de Deus. Porém, mesmo quando esse anseio começar a ser sentido, a tendência para a inércia, que rege grande parte de nossa vida material, fará com que encaremos nossos sentimentos de alma como uma espécie de sonho a ser lembrado com carinho, mas permanecendo simplesmente como um sonho. Essa é uma reação instintiva da personalidade, a expressão de nossa natureza inferior, procurando se proteger contra toda e qualquer mudança que possa afetar seu controle sobre a vida do indivíduo, sempre que ele começa a transferir sua atenção da vida material para a espiritual. Somente as almas determinadas, amorosas e responsáveis encontrarão força e motivação para empreender a árdua jornada da autotransformação que as levarão ao Reino, no seu devido tempo.

Uma das primeiras indicações de que o devoto está pronto para entrar na senda espiritual é sua disposição de deixar para trás seus apegos às coisas do mundo. Nossa tendência para acumular posses e desfrutá-las terá que ser revertida; deveremos buscar a simplicidade e estar atentos para ajudar nosso próximo. João da Cruz descreve a natureza do caminho espiritual e a disposição daquele que busca trilhá-lo: "O caminho que leva ao cume do monte da perfeição, por ser estreito e escarpado, requer caminheiros livres de bagagem, pois seu peso os atrai a coisas inferiores. Só assim conseguirão superar todo obstáculo que se depara no caminho da busca de Deus. Pois ele deve ser o único objetivo de qualquer procura ou aspiração."[22]

O derradeiro alvo da vida espiritual é passar da experiência de Deus (ter visões, ouvir sons ou vozes celestiais e receber instruções do Alto) para a união com Deus. Esse objetivo foi apresentado de forma velada ao longo do ministério de Jesus quando, em suas pregações, discorria sobre o Reino de Deus. Numa dessas ocasiões o Mestre conclamou-nos a ser '*perfeitos como o Pai que está nos céus é perfeito*' (Mt 5:48). Ora, a única maneira do homem atingir a perfeição divina é tornar-se uma expressão de Deus, ou seja, é manifestar aquilo que já é desde o princípio quando foi criado à imagem e semelhança de Deus, pois "*Ele é a exata representação de meu ser*" (Hb 1:3). Este objetivo não é uma quimera ou um sonho, mas uma realidade que já foi experimentada por milhares de místicos em todo o mundo e em todos os tempos. A jornada espiritual até esse estágio pode ser empreendida por vários caminhos e com a utilização de diferentes enfoques como instrumentos para nortear o rumo a ser tomado. Passar pela porta estreita para então trilhar o caminho apertado que leva ao Reino dos Céus pode ser um enfoque e outro, a progressiva autotransformação que leva à perfeição.[23] No entanto, neste trabalho julgamos mais apropriado seguir uma terceira alternativa, o conhecimento da verdade. Deve ficar claro que todos os 'caminhos' nada mais são do que diferentes enfoques e ênfase em certos instrumentos para a necessária autotransformação pela qual todo devoto terá que passar para atingir o Supremo Bem.

---

[22] João da Cruz, *O Amor Não Cansa Nem se Cansa* (S.P., Edições Paulinas, 1993), p. 51.

[23] Para maiores detalhes sobre esses dois enfoques recomendamos a leitura de nosso livro: *Os Ensinamentos de Jesus e a Tradição Esotérica Cristã*, op. cit.

Conhecereis a verdade e a verdade vos libertará

A construção de nosso edifício espiritual, o templo que não é feito pelas mãos do homem, requer a utilização de materiais apropriados do plano espiritual. Não podem ser materiais frágeis e de pouca durabilidade. Tampouco podem fugir ao padrão divino de excelência e confiabilidade. Esse material superior, confiável e duradouro é a VERDADE. Quando Jesus disse: "*Conhecereis a verdade e a verdade vos libertará*" (Jo 8:32), ele fez uma revelação de uma profundidade tal que geralmente não suspeitamos.

Essa revelação sugere vários questionamentos. O que é a verdade? Como ela pode nos libertar? Nos libertar de quê? E, talvez o mais importante, como podemos conhecê-la? Vejamos, em primeiro lugar, o objetivo mencionado por Jesus, ou seja, a libertação. O Mestre, ao que tudo indica, estava se referindo à libertação da prisão do mundo material, com suas incontáveis ilusões e sofrimentos. Essa libertação é simplesmente outra palavra para nosso conceito tradicional de Salvação, com a sua concomitante entrada no Reino de Deus. Portanto, Jesus estava nos indicando que cada um de nós é responsável por sua própria libertação ou salvação, já que para a alcançar devemos fazer tudo o que estiver ao nosso alcance para conhecermos a verdade. Ele acena com a solução, o conhecimento da verdade, mas não promete que ela nos será dada gratuitamente numa bandeja de prata. Devemos procurá-la. Dependerá de nosso esforço e dedicação encontrá-la ou não.

O ensinamento de Jesus sobre o poder libertador da verdade era mais facilmente compreendido por seus ouvintes na Palestina, porque foi proferido em aramaico, língua sintética em que cada palavra oferece uma ampla riqueza de significados. Nesse idioma, a palavra 'verdade' é *serara*, que tem uma conotação mais ampla que inclui o sentido de 'o que liberta e abre oportunidades,' 'o que é forte e vigoroso' e 'aquilo que age de acordo com a harmonia universal'.[24]

Muitos devotos podem achar estranho que devam procurar a verdade, já que cada uma das igrejas cristãs, dentre as quase duas mil denominações existentes, afirma que ela (e só ela) possui a verdade e que, como mediadora entre Deus e os homens, revela constantemente essa verdade aos seus fieis e crentes. Mas se as igrejas possuem a verdade e a revelam aos seus membros, como se explica que a maior parte da cristandade ainda não alcançou a libertação e vive em conflito e sofrimento?

Existem diferentes níveis de verdades. Ainda que todas essas verdades cumpram um papel na vida do homem, somente a 'verdade última', aquela a que Jesus se referia, é que tem o poder de libertar. As verdades apresentadas pelas igrejas, bem como pelos filósofos e estudiosos, são verdades conceituais, que atuam ao nível da mente. Porém, a verdade libertadora é bem mais profunda e abrangente, e só pode ser obtida por meio direto, por experiência própria, ao contrário das verdades conhecidas e oferecidas por agentes externos.

O conhecimento da verdade é um anseio natural do ser humano. Todos os homens estão constantemente buscando a verdade, acumulando conhecimentos de todo tipo e natureza: científicos, históricos, éticos e filosóficos, na esperança de que essas informações saciem sua sede pela verdade. Ainda que muitos desses conhecimentos nos ajudem a entender a vida e seu propósito não são suficientes para atender ao anseio mais profundo da alma. Poderíamos chamar esse nível de conhecimento de 'verdade teórica' ou 'verdade relativa'. A verdade teórica pode ser de grande utilidade para nos situar no Plano de Deus, para entendermos de onde viemos e para onde vamos. Mas somente a verdade última nos salvará.

A prática de Jesus de transmitir seus ensinamentos em frases curtas, porém com extensas e profundas implicações, como

---

[24] Vide: *The Hidden Gospel, Decoding the Spiritual Message of the Aramaic Jesus*, op.cit., p. 198.

"*conhecereis a verdade e a verdade vos libertará,*" é um costume milenar usado por muitos outros sábios no passado. Ela tem o propósito de nos levar a pensar e investigar todos os aspectos e as consequências desse ensinamento sintético até chegarmos ao seu âmago. Na Grécia antiga, por exemplo, no Templo de Delfos, importante centro de ensinamento dos Mistérios, que influenciou por muitos séculos os buscadores da verdade de uma vasta área da Europa, do oriente médio e da Ásia, essa forma de ensinar já era conhecida. No portal do templo estava escrito: "Homem, conhece-te a ti mesmo." E dizem os iniciados que entraram no templo, que a frase continuava do outro lado do portal: "E conhecerás o universo." Essa orientação do Templo de Delfos era muito semelhante à de Jesus. Os aspirantes aos Mistérios, seguindo a instrução recebida, procuravam conhecer melhor a si mesmos, buscando entender a fisiologia de seu corpo físico, bem como suas emoções, pensamentos e motivações. Mas somente quando conseguiam conhecer sua natureza interior última, que na tradição cristã chamamos de Cristo em nós, é que finalmente compreendiam a grandiosidade do verdadeiro homem e, por analogia, conheciam o universo, a expressão do Homem Celestial.

Cristo em nós

A verdade salvadora, por ser uma verdade espiritual, só é revelada ao homem em Espírito. No Evangelho Segundo João encontra-se uma passagem de cunho místico em que Jesus diz: "*Eu sou o Caminho, a Verdade e a Vida. Ninguém vem ao Pai a não ser por mim*" (Jo 14:6). Essa passagem, eminentemente alegórica, esclarece a questão que estamos procurando resolver. Nela, Jesus, o Cristo, representa também o Cristo que existe no interior de cada ser humano. O Cristo interior, Deus em nós, também referido no Antigo Testamento e no Evangelho de João como 'Eu Sou', é o Caminho, a Verdade e a Vida. Muitos cristãos desconhecem que a expressão "Eu Sou" foi cunhada pelos antigos cabalistas judeus em respeito ao mandamento de não invocarmos o santo nome de Deus em vão. Essa expressão foi escolhida especificamente para esse propósito porque tem o mérito de transmitir a noção de que o Absoluto não tem qualificativos que O limitam, como por exemplo ser grande, que exclui o pequeno. O Incognoscível é e permanece para todo o sempre, abrangendo tudo o que existe no mundo manifestado, mas sem ser por ele limitado, expressando a realidade de "Eu Sou." Ainda que essas concepções abstratas sejam de difícil entendimento, os evangelhos nos revelam que somente quando Cristo nasce em nossa consciência é que começamos a trilhar o caminho que leva ao Pai. Quando nosso coração está verdadeiramente sintonizado com o Cristo interior, nosso cérebro começa a registrar a Verdade eterna que liberta os homens da prisão da vida ilusória deste mundo. E Cristo, em nós, finalmente é Vida, vida em abundância que nos transforma e conduz à Vida Eterna.

Só pelo Cristo interior é que poderemos chegar ao Pai. Essa revelação foi também compreendida e vivenciada por Paulo, como atestam suas palavras de esperança e orientação a seus discípulos: "*Meus filhos, por quem eu sofro de novo as dores do parto, até que Cristo seja formado em vós*" (Gl 4:19). Obviamente, Paulo estava se referindo ao parto espiritual, ao renascimento do homem novo que passa a viver no mundo consciente de que Cristo está em seu coração. Com Cristo como nosso instrutor interior, nossa glória no Reino está assegurada (Cl 1:27). E ele permanecerá crescendo e desabrochando em nossa alma até a meta final, quando então alcançaremos "*o estado de Homem Perfeito, a medida da estatura da plenitude de Cristo*" (Ef 4:13). Pode parecer estranho que Cristo em nós deva crescer e desabrochar, mas a natureza crística existe inicialmente em todo ser humano como uma minúscula sementinha que deve germinar, ou seja, nascer em nossa consciência, para então seguir o processo de crescimento natural observado em todas as expressões divinas até alcançar a meta referida como a estatura da plenitude de Cristo.

É interessante notar que a passagem em João 14:6, no original em aramaico, possibilita um entendimento semelhante ao sugerido acima. A passagem foi traduzida como: "'*Eu Sou' é o caminho, o senso de direção correta e a força da vida para trilhá-lo. A simples presença ilumina o que está à frente, liberta nossas escolhas e nos conecta com o poder da natureza. Ninguém entra em sintonia com o sopro da vida em tudo, o som e a atmosfera que criou o cosmo, a não ser por meio do sopro, do som e da atmosfera de outro 'Eu' incorporado conectado com o supremo 'Eu Sou'.*"[25]

É muito comum entre católicos e protestantes, a crença de que só Cristo salva. Nossos irmãos evangélicos, geralmente mais engajados nas tarefas missionárias, costumam espalhar pelas ruas e lugares públicos cartazes dizendo que 'só Cristo salva'. Ainda que não cristãos possam ressentir-se com essa propaganda religiosa, a maior parte dos budistas e iogues esclarecidos sabe que essa assertiva é uma verdade universal quando devidamente entendida. Os budistas compreendem que Cristo é equivalente a Buda, e os iogues e vedantinos sabem que Cristo é o Jivatma, ou o princípio divino no homem. Portanto, quando é dito que 'só Cristo salva', uma verdade universal está sendo enunciada, ainda que numa linguagem sectária que aparentemente restringe a salvação aos cristãos.

O que os orientais sabiam há muitos milênios antes do nascimento de Jesus, é que somente quando expandimos nossa consciência para o nível de *buddhi*, terminologia oriental para o que os místicos cristãos chamam de princípio crístico, é que o devoto pode conhecer a verdade última, a verdade redentora. Somente quando nossa consciência é elevada ao plano crístico temos a experiência direta de sermos unos com o Todo e, portanto, unos com todos os seres. Essa verdade fundamental foi expressa por Jesus, quando ele disse: "*Eu e o Pai somos um*" (Jo 10:30) e também "*Nesse dia compreendereis que estou em meu Pai e vós em mim e eu em vós*" (Jo 14:20). Essa experiência de unidade com Deus e com todos os seres tende a repetir-se várias vezes para o místico, aumentando sua intensidade e abrangência com cada experiência. Mas a partir do momento em que o devoto passa pela pri-

[25] *The Hidden Gospel*, op.cit., p. 66.

meira vez por essa experiência interior, sua vida muda radicalmente. Ele não mais se deixa levar pelas ilusões efêmeras deste mundo e procura, com todo o empenho, trilhar o caminho apertado que leva à perfeição.

Paulo, consciente do papel de nossa natureza interior, orava ao Pai em favor de seus discípulos: "*Para pedir-lhe que ele conceda, segundo a riqueza da sua glória, que vós sejais fortalecidos em poder pelo seu Espírito no homem interior, que Cristo habite pela fé em vossos corações e que sejais arraigados e fundados no amor*" (Ef 3:16-17). Paulo sabia por experiência própria que o poder divino e a total sustentação do amor só podiam ser obtidos quando Cristo desperta em nossas almas, concedendo-nos a verdadeira fé em nossos corações.

Essa é a essência da experiência mística. Nas palavras de Leonardo Boff: "A mística crística e espiritual é a dos olhos abertos e cósmica. Ela procura a unidade em todas as diferenças, na medida em que um fio divino perpassa o Universo, a consciência e a ação humana, para uni-los para frente e para cima, na perspectiva da suprema síntese com Deus, ômega da evolução e da criação." [26]

Chegamos, então, ao ponto central da revelação do Senhor (*Conhecereis a verdade e a verdade vos libertará*): o conhecimento da unidade do homem com Deus é a verdade que liberta. Porém, não é o conhecimento teórico da unidade que nos salva, porque, se assim fosse, ao lermos este livro ou outros que abordam esse tema, já estaríamos salvos. O conhecimento da verdade que Jesus mencionou é o direto, e não o intelectivo, ou indireto, por meios externos. Somente quando expandimos nossa consciência ao princípio divino interior é que esse conhecimento-experiência é obtido, portanto, só Deus no interior do homem salva. Outra vez lembramos Paulo em sua linguagem característica: "*Se alguém está em Cristo, é nova criatura. Passaram-se as coisas antigas; eis que se fez uma realidade nova*" (2 Co 5:17).

---

[26] "Sentido cristão de mistério e mística," em *Mística e Espiritualidade* (op.cit.), p. 22.

Mas o que é o Cristo interno? Onde ele se encontra? Como ele atua? Sabemos que o ser humano tem um componente mortal e outro imortal. A totalidade do ser é descrita por Paulo, de forma simplificada, como corpo, alma e espírito (1 Ts 5:23). Como um místico, certamente ele tinha conhecimento de que a parte mortal, referida como o corpo, compreendia, na verdade, a totalidade da personalidade, formada pelo corpo físico e outros três corpos de natureza sutil: o corpo energético, o emocional e o mental concreto. A parte imortal é a expressão da Trindade Divina, é Deus imanente no homem, sendo comumente chamada de Eu Superior. Deve ficar claro que tudo o que falamos e escrevemos sobre a Divindade não passa de ideação, uma aproximação realizada por nossa mente na tentativa de conceber o incognoscível.

Ainda que muitas representações dos princípios do homem sejam feitas, para fins didáticos, apresentando-os em ordem ascendente como se estivessem dispostos em diferentes andares de um edifício, na realidade, esses princípios estão ordenados de dentro para fora. O mais sutil e elevado permeia todos os outros, mas está isolado na parte mais interior, como se fosse o ponto central de uma esfera,[27] e os outros princípios, do mais sutil ao mais denso situam-se progressivamente ao redor do ponto central, com o mais sutil sempre permeando o mais denso. O princípio mais denso, nosso corpo físico, fica como uma casca no exterior.

As funções do princípio crístico foram estudadas por grandes santos, iogues e clarividentes ao longo dos séculos. As percepções no plano crístico estão envoltas numa beleza, luminosidade, paz e bem-aventurança absolutamente indescritíveis. Enquanto o místico ou iogue está com sua consciência naquele plano, ele participa da glória divina, experimenta a mais profunda

[27] Uma profunda representação deste princípio é de que Deus poderia ser imaginado como um círculo com seu centro em toda parte e sua circunferência em parte alguma. Essa imagem indica que Deus é imanente, pois tem seu centro em toda parte, e é infinito, pois seu limite (a circunferência) não se encontra em nenhum lugar.

felicidade de toda sua vida, deslumbra-se com a unidade da vida em que todos os seres se apresentam interconectados e interdependentes, comprova o calor ardente do amor divino incondicional e sem limites e aprende verdades inefáveis que nem sempre podem ser repetidas àqueles que ainda não passaram por essa experiência, como afirmou Paulo: "*Sei que esse homem - se no corpo ou fora do corpo, não sei; Deus o sabe! - foi arrebatado até o paraíso e ouviu palavras inefáveis, que não é lícito ao homem repetir*" (2 Co 12:4). No entanto, quando o místico termina a experiência e retorna ao estado de consciência usual de vigília, verifica que suas visões e sentimentos, agora expressos por intermédio da mente e refletidos no cérebro físico, são percepções esmaecidas e distantes da grandiosidade experimentada diretamente no plano crístico. É como se a visão inicial tivesse sido coberta por uma série de véus (a matéria dos planos intervenientes entre o crístico e o material) que obscurecem e tiram a nitidez do que foi visto inicialmente. Por isso, tudo aquilo que nos é dito sobre as experiências no plano crístico representa uma mera caricatura da grandiosidade do que realmente ocorre naquele plano. Jacob Boehme, um dos maiores místicos cristãos, indica sua frustração ao tentar descrever suas visões:

"*A linguagem terrena é totalmente insuficiente para descrever o que há de alegria, felicidade e encanto nas maravilhas internas de Deus. Até mesmo se a Virgem eterna as pintasse para nossas mentes, a construção humana seria fria e escura demais para ser capaz de expressar mesmo uma chispa dela em sua linguagem.*"[28]

Mesmo para aqueles que ainda não receberam a graça de uma experiência mística, ou seja, para aqueles em que o Cristo interior ainda está dormente e não suficientemente ativo em sua consciência, ele, ainda assim, exerce importantes funções em nossa vida. O princípio crístico parece ter várias funções, sendo a mais simples a da compreensão. A mente não é o instrumento pelo qual o homem compreende, mas o instrumento que combina todas as impressões do mundo exterior e da memória, passando-as

---

[28] '*The Life and Doctrines* of Jacob Boehme', Franz Hartmann.

ao princípio crístico para sua interpretação e compreensão. Outra função é a inteligência, que está de certa forma ligada à compreensão. A inteligência é muitas vezes confundida com o intelecto. Este último é responsável pelo acúmulo de informações que o intelectual, ou erudito, junta em sua mente. A inteligência é a capacidade de compreender o significado do conhecimento adquirido. A pessoa inteligente sabe tirar inferências das informações acumuladas e demonstra ser sábio, ou seja, capaz de navegar no oceano da vida com um aparente instinto para fazer a coisa certa no momento apropriado. Perceber a verdadeira natureza das coisas é uma das características da inteligência.

O princípio crístico também tem a função do discernimento, que é de grande importância na vida espiritual. O discernimento nos permite distinguir o real do ilusório; o mais importante do menos importante; o certo do errado; o verdadeiro do falso; o útil do inútil. O devoto que busca seguir a Deus, ainda que vivendo em nosso mundo de ilusões, se tiver desenvolvido o discernimento, sabe sempre distinguir o caminho a tomar e as armadilhas a evitar.

Um corolário do desenvolvimento do discernimento é a capacidade para determinar prioridades na vida. O homem comum tem dificuldade para estabelecer uma hierarquia de prioridades, não só na vida espiritual, mas até mesmo na vida mundana. Muitas vezes dedica considerável tempo e energia às coisas de somenos importância dando pouca ou nenhuma atenção àquelas que são realmente significativas. Essa característica se reflete em todos os aspectos da vida, a ponto de algumas empresas de consultoria gerencial recomendarem a seus clientes que treinem seus executivos a preparar toda manhã uma lista das atividades que devem ser realizadas durante o dia e, então, começarem pelas mais importantes. Esses consultores verificaram em seus estudos que a tendência dos executivos é fazer justamente o oposto, realizar primeiro o que é menos importante, pois geralmente essas tarefas são as mais fáceis, ficando as mais importantes para depois, se houver tempo.

Verificamos que a inteligência e o discernimento operam de forma similar. A luz do Cristo interior, quando atua sobre os problemas da vida diária, expressa a inteligência; quando é lançada sobre os problemas fundamentais da vida para identificar as ilusões, expressa o discernimento.[29] Na literatura espiritual, é dito que a primeira qualificação para se trilhar a senda é o discernimento. Mas, se por um lado o discernimento possibilita-nos identificar as ilusões e falsidades do mundo manifestado, ele também revela as realidades que geralmente se acham encobertas pelas inúmeras ilusões da vida diária.

Obviamente, essa capacidade para discernir o real só é demonstrada pelas pessoas altamente espiritualizadas, nas quais o princípio crístico está atuando de forma consciente. Quando essas pessoas alcançam intuitivamente a visão do real, elas não podem mais ser abaladas ou dissuadidas por argumentos em contrário. Elas agem assim porque conhecem a verdade de forma direta e incontroversa, ainda que muitas vezes não consigam explicar a razão dessa certeza, pelo fato de a mente não ter sido responsável por esse conhecimento, mas sim a intuição (outra palavra para o princípio crístico).

Essa função do princípio crístico possibilita-nos fazer a distinção entre fé e crença. A fé deriva-se do conhecimento direto da verdade, que é sempre a mesma, não importa a religião, tradição ou cultura a que pertença o indivíduo. A crença, ao contrário, expressa o que as pessoas passam a acreditar em virtude do que lhes é dito por uma autoridade, por isso a crença varia de acordo com a religião de cada um. Quando Jesus censurava seus discípulos pelo fato de terem pouca fé (Mt 14:31; 17:20; 21:21), ele estava indicando que eles ainda não tinham desenvolvido suficientemente o princípio crístico, a fonte da verdadeira fé.

Os verdadeiros santos e místicos, por terem desenvolvido seu princípio divino interior, apresentam certas características comuns: agem ao longo da vida com uma certeza e confiança que o homem comum não possui e demonstram uma profunda sabedoria, perce-

---

[29] Krishnamurti, *Aos Pés do Mestre* (Brasília, Editora Teosófica, 1999). O discernimento é "usualmente tomado no sentido da distinção entre o real e o irreal." p. 14.

bendo intuitivamente o que deve ser feito e o que deve ser dito em todas as ocasiões. Os místicos, tendo experimentado o amor total e incondicional de Deus e conhecendo a unidade que existe entre todas as células do grande organismo que é a humanidade, o corpo místico de Cristo, agem sempre com bondade e compaixão para com todos os seres, sem distinção de classe ou crença, incluindo até mesmo os animais sob seu manto amoroso. Ainda que compassivos e sempre dispostos a ajudar as pessoas, não impõem suas ideias e não exigem obediência cega, porque sabem que todos foram criados por Deus com livre-arbítrio para trilhar seu próprio caminho, sendo, portanto, em última análise, responsáveis por si mesmos. A história indica que muitos dos verdadeiros santos e místicos não tiveram uma educação formal, alguns não sabiam nem mesmo ler. No entanto, por meio de seu princípio crístico desenvolvido, eram capazes de beber diretamente da fonte da sabedoria, tornando-se instrutores e guias de seus irmãos mais letrados.

Pelo fato da consciência crística ser uma função de um princípio superior, para ser refletida em nossa consciência cerebral, ela deve utilizar um princípio intermediário como veículo, qual seja, da mente ou do corpo emocional, dependendo do propósito em vista. De acordo com o temperamento da pessoa, a preponderância de um ou outro caminho será notada. Nas pessoas mais emocionais, o princípio crístico tende a se manifestar especialmente como intenso amor ou como um sentimento de compaixão para com a dor do outro. Para essas pessoas, a linha de menor resistência para alcançar a Verdade é a devoção. Esses devotos podem se tornar místicos.

Para as pessoas voltadas para o intelecto, o princípio crístico tende a se expressar como uma visão abrangente e penetrante dos problemas fundamentais da vida. Ainda que a atuação do princípio divino superior possa inicialmente desenvolver mais o amor ou o conhecimento, dependendo do temperamento do indivíduo, com o tempo a outra expressão será desenvolvida também, mostrando-se as duas conjuntamente como sabedoria.

Despertar Cristo em nós ou crer em Cristo?

Para os cristãos ortodoxos, acostumados com a interpretação literal da Bíblia e esquecidos das inúmeras menções feitas por Paulo a respeito do 'Cristo em nós', a afirmação, de que somente com o despertar do Cristo interior pode-se conhecer a verdade libertadora, parece chocar-se com a doutrina central do Cristianismo, qual seja, a de que a salvação vem por intermédio da crença em Jesus. A importância da crença em Cristo é tão fundamental que os membros da maioria das igrejas protestantes se autodenominam crentes e os católicos, por sua vez, são referidos como fieis. As diversas passagens bíblicas, principalmente no Evangelho de João, em que são feitas menções sobre a crença, parecem reforçar essa postura.

Por essa razão, a verdadeira natureza da crença precisa ser melhor examinada. Existem mais de duas mil igrejas cristãs, e cada uma delas afirma categoricamente ser a verdadeira representante da igreja de Cristo, parecendo, assim, haver um impasse quanto à real crença em Cristo. Cada denominação enfatiza que a verdadeira crença em Cristo é aquela por ela expressa, e que os membros das outras igrejas são hereges e até mesmo apóstatas. É chocante verificar como alguns representantes dessas denominações chegam a acusar membros de outras religiões, às vezes até mesmo cristãs, de serem agentes do demônio, posto que se recusam a aceitar a 'única' verdade revelada, a deles. É difícil entender como esses intolerantes conciliam as acusações sistemáticas que fazem às demais pessoas que não compartilham de suas crenças específicas com o ensinamento explícito de Jesus de não julgarmos nosso próximo. Será que aboliram de sua crença a aceitação da regra de ouro, de fazer ao próximo o que gostariam que os outros fizessem a eles? Será que gostariam de ser chamados de agentes do demônio? Como essa atitude que caracteriza maldade e desamor se coaduna com os ensinamentos do Mestre de que "*É pelo fruto que se conhece a árvore*" (Mt 12:33) e "*A boca fala daquilo de que o coração está cheio*" (Mt 12:34)?

Contrastando com essa atitude de intransigência exacerbada de alguns supostos cristãos, há felizmente religiosos, embora poucos, que tiveram uma real experiência de Deus em seu interior e demonstram uma compreensão amorosa para com as diferentes crenças, em sintonia com o exemplo do Salvador. Padre Marcelo Barros, um monge católico expressa sua opinião particular de que "Jesus trouxe algo de novo: o que todas as religiões buscavam e propunham, ele revela que não vem pela religião. Que nenhuma religião salva. 'A lei não salva'. Nem o judaísmo que era a sua nem nenhuma outra. Deus dá seu amor e sua graça universalmente e, como já diz o termo, 'gratuitamente'. Todo mundo é chamado a essa realidade na solidariedade e no amor ao próximo. Essa revelação divina tem raízes no primeiro testamento, mas Jesus trouxe algo novo. Essa intimidade com Deus como um papai *(Abba)* ou mamãe amorosa com a qual cada pessoa pode livremente se relacionar, no íntimo do coração, é nova."[30]

Um dos objetivos deste trabalho é oferecer o instrumental específico para superar a intolerância religiosa que tanto mal vem causando no seio da grande família cristã. O instrumento específico que garante o entendimento da mensagem de amor abrangente do Mestre e extirpa pela raiz os germes da intolerância é a meditação contemplativa apresentada mais adiante. Esse recurso vem sendo testado com sucesso por inúmeros grupos de meditação, incluindo não só pessoas de diferentes igrejas cristãs, mas também membros de outras crenças religiosas. Nas palavras dos dirigentes da Comunidade Mundial de Meditação Cristã: "A meditação, como um caminho de tolerância e compaixão, constroi uma ponte do espírito entre pessoas de crenças diferentes, entre ricos e pobres e, ainda, entre aqueles que estão sofrendo com conflitos e divisões. As grandes angústias e aflições da sociedade moderna requerem profunda resposta contemplativa."[31]

Se não é possível alcançar-se um consenso entre os membros das diferentes igrejas cristãs quanto à crença em Cristo

---

[30] Pe. Marcelo Barros em comunicação com o autor oferecendo comentários ao texto deste trabalho.

[31] Informação contida no 'site' da internet: www.wccm.org

que garanta a salvação, a questão proposta como tema de investigação para esta seção ('despertar Cristo em nós ou crer em Cristo?') pode parecer ainda mais abstrusa. No entanto, o cristão responsável deveria pensar duas vezes antes de declarar que as duas proposições são mutuamente contraditórias, pois nesse caso, se for provado que uma proposição é verdadeira a outra será falsa. Mas, como ambas encontram-se na Bíblia, não importa qual seja a falsa, esse impasse seria um desastre porque significaria que algumas partes da Bíblia não são verdadeiras. Ora, sabemos que a Bíblia contém a "verdade que nos salvará". Sabemos também que uma parte da verdade não pode ir contra outra parte da mesma verdade. Como Jesus nos ensinou, "*Todo reino dividido contra si mesmo acaba em ruína e nenhuma cidade ou casa dividida contra si mesma poderá subsistir*" (Mt 12:25).

Só nos restam duas alternativas: ou ambas proposições são verdadeiras quando devidamente interpretadas, ou algumas partes da Bíblia que se contradizem não fazem parte do texto original divinamente inspirado, tendo sido acrescentadas posteriormente. No caso em pauta, estamos inteiramente convencidos que ambas proposições são verdadeiras, mas, como a linguagem bíblica é alegórica, precisamos interpretá-las devidamente para entender as joias da sabedoria divina que sempre estiveram ao nosso alcance, mas que permanecem como tesouros escondidos no campo por nossa incapacidade para desenterrá-los. Uma vez interpretadas essas passagens vamos verificar que não são contraditórias, mas perfeitamente compatíveis.

Na seção anterior verificamos que a verdade última que nos liberta da prisão da matéria é o conhecimento de que somos unos com o Pai celestial e, consequentemente, unos com todos os seres. O conhecimento vivencial da unidade, portanto, é a verdade suprema que estabelece o Reino no coração do devoto. Seu corolário, é que a fraternidade entre os homens, pelo fato de cada um ser uma expressão de Deus na terra, é um pré-requisito para alcançarmos a experiência de união com Deus.

Se o conhecimento-experiência da unidade é o supremo bem, seu oposto, a separatividade, o desconhecimento da unidade que nos leva a ver-nos como separados, será logicamente o supremo mal. Ao longo da Bíblia encontramos inúmeras passagens falando da eterna luta entre a luz e as trevas, entre Deus e o demônio, entre Espírito e matéria. No entanto, não damos a devida atenção ao fato de que essa luta cósmica também expressa a oposição intrínseca e fundamental entre a experiência da unidade e a falta dela. Tudo aquilo que reforça a tendência para a separação entre os homens vai contra o desígnio de Deus. Cada vez que discriminamos uma pessoa pelo fato de ter uma cor de pele diferente, por pertencer a outra nacionalidade, a outra classe social ou a outra religião ou igreja, estamos fazendo o trabalho do maligno e não o trabalho de Deus. No caminho espiritual o objetivo a ser alcançado é a inclusão de um número cada vez maior de irmãos dentro de nosso conceito da família humana, até que ele venha a abarcar todos indivíduos sem nenhuma exclusão, inclusive os pecadores e os que professam uma crença diferente da nossa.

Esse ponto é de crucial importância na vida espiritual, pois as forças que trabalham para a divisão são as forças do mal, que são extremamente poderosas, e muitas vezes entorpecem e distorcem a mente das pessoas religiosas, tanto de leigos como da hierarquia clerical. O religioso, convencido de que a Palavra divina salva, procura se engajar no trabalho missionário. Mas quando encontra obstáculos, fica convencido de que a oposição vem necessariamente do maligno e não de possíveis falhas em seu exemplo de vida amorosa. Inflamado pelo zelo, acaba se tornando um fanático que está disposto a tudo, inclusive a matar os 'infieis' que se recusarem a receber a Palavra que ele acredita que os salvará. Acham que os fins justificam os meios, atitude muito comum na vida mundana. Porém, no mundo espiritual os meios são também fins em si mesmos, porque para nos tornarmos perfeitas expressões do Amor (a finalidade de nossa vida), devemos adotar como meio uma vida amorosa.

O exemplo de vida de Jesus foi uma constante demonstração de que todos os homens são igualmente amados por Deus e não são por Ele discriminados mesmo quando a sociedade assim o faz. Por isso Jesus foi visto compartilhando suas refeições com notórios pecadores e os odiados coletores de impostos, os publicanos (Mt 9:11), apresentou como exemplo de atitude compassiva o comportamento de um samaritano (considerado pela maioria dos judeus como impuros) em contraste com a atitude 'legalista' de um sacerdote e um levita (Lc 10:30-37), e mencionou que não havia encontrado em Israel ninguém que tivesse tanta fé como a demonstrada pelo centurião romano que lhe solicitou curar à distância seu servo (Mt 8:10).

Se os ensinamentos e o exemplo do Mestre deixam explícito que todos os seres são filhos de Deus e, portanto, estão amorosamente incluídos na família humana, como é possível que muitos de seus seguidores pratiquem exatamente o oposto: a separação, a desunião e a exclusividade? O Salvador jamais iria apoiar qualquer discriminação entre pessoas por motivo de suas crenças, seja dentro ou fora do Cristianismo, e muito menos perseguições religiosas e, pior ainda, 'guerras santas' visando a exterminação de qualquer grupo caracterizado como 'herege' pelas igrejas dominantes. A abominação das 'guerras santas', consequência lógica do fanatismo religioso, deixou um rastro sinistro de milhões de mortos ao longo dos séculos, como os massacres dos albigenses e da população de Constantinopla, no século XIII, ordenados pelo papa Inocente III, com a seguinte justificativa: "todo aquele que tentar estabelecer uma visão pessoal de Deus que conflite com o dogma da Igreja deve ser queimado sem piedade."[32]

Selecionamos, a seguir, algumas passagens do Novo Testamento mais comumente citadas pelos cristãos tradicionais para dar suporte à ênfase que colocam na mera crença em Jesus e no nome dele como forma de salvação. Procuraremos depois evidenciar que, ao contrário, essas passagens estão em perfeita harmonia com a ideia do despertar do Cristo interior como forma de alcançar-se o conhecimento da verdade redentora.

---

[32] Peter Tompkins, "Symbols of Heresy", em *The Magic of Obelisks* (N.Y., Harper, 1981), p. 57.

"*Mas a todos que o receberam deu o poder de se tornarem filhos de Deus: aos que creem em seu nome*" (Jo 1:12).

"*Vendo os sinais que fazia, muitos creram em seu nome*" (Jo 2:23).

"*Pois Deus amou tanto o mundo, que entregou o seu Filho único, para que todo o que nele crê não pereça, mas tenha vida eterna*" (Jo 3:16).

"*Quem nele crê não é julgado; quem não crê, já está julgado, porque não creu no Nome do Filho único de Deus*" (Jo 3:18).

"*Quem crê no Filho tem vida eterna. Quem recusa crer no Filho não verá vida*" (Jo 3:36).

"*Eu sou o pão da vida. Quem vem a mim nunca mais terá fome, e o que crê em mim numa mais terá sede*" (Jo 6:35).

"*Aquele que crê em mim conforme a palavra da Escritura: de seu seio jorrarão rios de água viva*" (Jo 7:38).

"*Disse-vos que morrereis em vossos pecados, porque se não crerdes que EU SOU, morrereis em vossos pecados*" (Jo 8:24).

"*Quem crê em mim, ainda que morra, viverá*" (Jo 11:25).

"*Enquanto tendes a luz, crede na luz, para vos tornardes filhos da luz*" (Jo 12:36).

"*Quem crê em mim não é em mim que crê, mas em quem me enviou*" (Jo 12:44).

"*Eu, a luz, vim ao mundo para que aquele que crê em mim não permaneça nas trevas*" (Jo 12:46).

"*Quem crê em mim fará as obras que faço e fará até maiores do que elas*" (Jo 14:12).

"*Por meio de seu nome, receberá a remissão dos pecados todo aquele que nele crer*" (At 10:43).

"*Quem nele crê não será confundido... Porque todo aquele que invocar o nome do Senhor será salvo. Mas como poderiam invocar aquele em quem não creram?*" (Rm 10:11,13-14).

"*Qual é a extraordinária grandeza do seu poder para nós, os que cremos, conforme a ação do seu poder eficaz*" (Ef 1:19).

"*Deus nos deu a vida eterna e esta vida está em seu Filho. Quem tem o Filho tem a vida; quem não tem o Filho não tem a vida. Eu vos escrevi tudo isto a vós que credes no nome do Filho de Deus*" (1 Jo 5:11-13).

Cumpre notar inicialmente que a aceitação **literal** dessas passagens pode nos levar a algumas conclusões curiosas. Talvez a mais surpreendente para o buscador não-cristão é que o Cristianismo é de todas as religiões a que oferece a fórmula mais fácil de salvação. A salvação estaria assegurada a todos os que creem em Cristo ou em Seu nome. Deixando de lado o problema relacionado com as sutilezas da crença específica de cada denominação cristã, procuremos examinar as consequências dessa tese. Percebe-se que o cristão típico não é nem pior nem melhor do que as demais pessoas com quem convivemos socialmente, quer sejam religiosos ou não. Ou seja, ele é geralmente egoísta, mesquinho, orgulhoso, prepotente, materialista e oportunista tanto quanto os outros. Porém, mesmo com todos esses sérios defeitos, aquele que crê em Cristo será salvo, enquanto os outros, que creem em Buda, em Brahma, em Alá, em Xangô ou somente na matéria, não serão salvos. Será que Deus tem a mesma atitude mesquinha dos homens que só estendem a generosidade de suas bênçãos e benesses aos seus amigos e aos que concordam com ele? Como poderíamos justificar essa predileção atribuída a Deus por uma pequena parte de seus filhos, já que Jesus indicou que toda a humanidade faz parte de seu rebanho: "*Tenho ainda outras ovelhas que não são deste redil*" (Jo 10:16)? Como explicar esse tratamento discriminatório por parte de nosso Bom Pastor, que sabemos ser absolutamente justo e misericordioso, e que por isso nos ensinou a amar até nossos inimigos, porque assim estaríamos amando a todos de forma incondicional como o "*Pai que está nos céus, porque ele faz nascer o seu sol igualmente sobre maus e bons e cair a chuva sobre justos e injustos*" (Mt 5:45)?

Será que Jesus realmente pregou que basta crer nele ou essa é uma interpretação posterior de algumas correntes de seus seguidores? Por que ele iria nos instar a sermos perfeitos como o Pai que está nos céus é perfeito, se a crença em Seu nome fosse suficiente para a nossa salvação? Por que ele nos disse que quando conhecermos a verdade, a verdade nos libertará? Por que os místicos cristãos procuram se purificar e transformar com um zelo que nos parece excessivo, apesar de já crerem sobejamente em Cristo? Esses questionamentos parecem indicar que existe um significado mais profundo em todas essas passagens que escapa ao entendimento numa leitura meramente literal. Isso não deveria ser surpresa, posto que Jesus indicou repetidamente que somente a seus discípulos falava as verdades do Reino de forma direta, enquanto ao povo, ou seja, a nós leitores de suas pregações, tudo era dito em parábolas, ou seja, em linguagem simbólica ou alegórica. Paulo torna isso explícito ao dizer que a letra mata e só o Espírito por trás da letra é que dá vida (2 Co 3:6). Portanto, devemos procurar ir além das palavras e entender a mensagem mais profunda que está escondida nessas passagens.

Ainda assim, sabemos que muitos católicos e evangélicos relutam em considerar a possibilidade de que essas passagens precisam ser interpretadas. Ponderam que a linguagem é tão direta que não precisa nenhuma interpretação. Essa atitude é compreensível, pois alguns psicólogos sugerem que o religioso convicto evita se aprofundar no estudo dos dogmas de sua religião, com receio de abalar os fundamentos de sua crença, nem sempre alicerçados na razão. O cristão típico está convencido de que sua crença já lhe garantiu a salvação sem que precise mudar a sua vida. Consequentemente, qualquer incursão mais profunda nos fundamentos de sua religião traz em si o perigo de constatar que precisa fazer muito mais do que o pouco que está fazendo atualmente. Porém, como cada ser humano é diferente, cabe a cada um se perguntar se seu comprometimento com a verdade é mais forte do que seu temor de descobrir que a verdade pode demandar muito mais de sua vida religiosa.

Mas, se ainda assim o católico ou evangélico insistir em que as passagens antes citadas devem ser aceitas literalmente, ele estará se colocando na posição desconfortável de ter que aceitar que ele próprio não crê suficientemente em Cristo. Mas que absurdo, diriam esses cristãos. Qual a razão dessa conclusão estapafúrdia? Ora, diríamos, se todas essas passagens devem ser aceitas literalmente, então só nos resta concluir que nenhum católico ou crente, inclusive padres e pastores, bispos e toda a alta hierarquia eclesiástica, crê verdadeiramente em Cristo, porque '*de seu seio não está jorrando rios de água viva*', conforme é dito em Jo 7:38; tampouco está fazendo as obras que Cristo fazia, como está assegurado aos crentes em Jo 14:12 e; finalmente, ainda tem sede e, portanto, bebe água, o que não aconteceria como está garantido em Jo 6:35: '*quem crê em mim nunca mais terá sede.*' Confrontados com essa evidência, os cristãos tradicionais provavelmente iriam contestar que **essas** partes das passagens são **obviamente** simbólicas. Mas se elas são obviamente simbólicas, como podem ter certeza de que as outras passagens não são simbólicas também? Não seria mais prudente aceitar o que o próprio Salvador nos disse, ou seja, que ao povo Ele ensinava por parábolas, e que esses ensinamentos alegóricos foram registrados na Bíblia?

O testemunho dos grandes santos e místicos poderá ser de grande valia nessa questão, pois eles estão fora de qualquer suspeita quanto à profundidade de sua fé e de seu comprometimento em seguir a Cristo. Os místicos nos legaram um maravilhoso acervo de suas experiências com a contemplação que leva à união com Deus. Como arautos da verdade que conheceram diretamente por revelação divina, fizeram afirmações que às vezes nos chocam, pois chamam nossa atenção para a realidade da responsabilidade última por nossa própria vida e salvação, que preferimos ignorar. Uma dessas revelações, diretamente pertinente ao tema apresentado aqui, é atribuída ao monge místico Ângelus Silésius:

"Ainda que Cristo venha a nascer mil vezes em Belém",
Mas não dentro de ti, tu permanecerás miserável,
A cruz no Gólgota procuras em vão
A menos que, dentro de ti, ela seja erguida outra vez."

Esse místico afirma de forma clara e direta que a vida de Cristo, como está relatada nos evangelhos, não deve ser entendida simplesmente como um fato histórico, limitado no tempo e no espaço. Ao contrário, a vida de Cristo simboliza também o caminho eternamente válido que deve ser trilhado por todo aquele que realmente almeja alcançar o Reino dos Céus. Portanto, não basta a crença no nascimento de Jesus Cristo em Belém, mesmo que ele venha a ser repetido mil vezes, para que minha alma possa se libertar da prisão da matéria em que me encontro.

O Cristo Salvador deve nascer também em meu interior para que eu deixe de ser um miserável sofredor e torne-me um bem-aventurado filho da luz. Eu também preciso crucificar minha natureza material para que venha ressurgir, ou renascer, como um homem novo glorificado em Cristo, para então, e só então, ascender ao Reino de Deus. É preciso subir o Gólgota, a elevação de consciência em que nossa natureza material será crucificada, para que nossa natureza divina possa ressuscitar com toda sua glória. Afinal, a palavra gólgota significa caveira, ou crânio. Portanto, é dentro de nossa cabeça simbolicamente, no interior de nossa mente, que devemos aceitar a responsabilidade por seguir a Cristo, tomando nossa cruz todos os dias (Lc 14:27).

Mas, se Cristo precisa nascer em nós, como devemos entender todas as passagens antes citadas? Infelizmente, a maior parte das passagens bíblicas relacionadas com a 'crença' em Cristo acabou sofrendo uma deturpação no processo de tradução do grego para o latim, e dessa língua para o português. No original grego, o verbo traduzido como crer era πιστεβω *(pistevo)*, que significa 'ter fé'. No entanto, foi traduzido para o latim como credere e daí para o português como 'crer.' Ainda que a diferença entre ter fé e crer possa parecer pequena, ela é imensa no seu sentido espiritual.

Como mencionamos na seção anterior, a verdadeira fé, equivalente a uma certeza inquebrantável resultante da experiência direta, só ocorre quando o Cristo interior está desperto e atuante no indivíduo. Jesus repreendeu diversas vezes seus discípulos por sua pouca fé ou falta de fé, ou seja, por não terem desenvolvido suficientemente o Cristo interior. A crença, no entanto, depende de nossa cultura e religião e reflete nossa confiança nas autoridades que nos ensinaram o que e como devemos crer. A fé vem de dentro e a crença de fora.

Devemos lembrar que a maior parte das passagens citadas relacionadas com a crença em Deus encontra-se no Evangelho Segundo João. Esse evangelho é considerado como um evangelho espiritual de natureza mística. O teor de suas passagens é tal que parte das comunidades cristãs nos primeiros tempos não o aceitou inicialmente. Ainda que certos historiadores e até mesmo alguns teólogos tenham objeções específicas sobre seu texto, os místicos sentem uma afinidade natural para com ele, pois ele reflete o tipo de revelação interior obtida pelos místicos avançados. Isso significa que sua linguagem é especialmente alegórica e expressa estados de consciência exaltados obtidos por aqueles filhos diletos que alcançam a união com o Pai celestial.

As chaves para a interpretação bíblica serão apresentadas de forma sistemática mais adiante. Porém, para entendermos as passagens em consideração, é mister adiantar que tudo o que é apresentado como ocorrendo no exterior, ocorre também no interior do ser humano. Portanto, o Jesus histórico que pregou na Palestina há dois mil anos atrás simboliza também o Cristo no coração de todos os seres, em todos os tempos.

Quando Cristo despertar em nossos corações e sua luz começar a brilhar em nosso interior teremos certamente *fé na luz, para nos tornarmos filhos da luz* (Jo 12:36). Quando tivermos a fé oriunda da comunhão com Cristo em nós, poderemos realizar as obras que ele fazia (Jo 14:12), porque então será Ele quem estará agindo através de nós. É nesse sentido que *a todos os que o receberam deu o poder de se tornarem filhos de Deus: aos que creem (têm fé) em seu nome* (Jo 1:12). Quem recebe a Graça da união final com o Senhor em sua consciência, sabe, sem a menor sombra de dúvida, que ele é também um filho de Deus, como foi dito claramente: "*Eu sou teu Pai, e Eu te amo tal como meu filho, Jesus*" (Jo 17:26). Lembramos, ademais, que, na linguagem simbólica, a palavra 'nome' tem geralmente o sentido de 'poder'. Portanto, crer, ou melhor, ter fé no nome de Cristo, significa ter fé no poder de Cristo, o poder do Verbo, que é o poder divino atuando no mundo e em todo aquele que alcançou a união com o Pai.

Paulo diz-nos que: *Quem nele crê (tem fé) não será confundido* (Rm 10:11). Ora, sabemos que quando o Cristo interior está desperto em nós não mais seremos confundidos com argumentos ou meias-verdades, porque teremos finalmente alcançado o conhecimento direto da verdade. Finalmente, quando a nossa fé em Cristo estiver em seu ápice, o que só ocorre na última etapa do caminho místico com a união com o Bem Amado, não mais teremos sede das verdades espirituais, pois estaremos bebendo diretamente da Fonte da Verdade. Com isso nos tornaremos instrumentos perfeitos do Senhor na Terra e passaremos a atuar como dispensadores da Verdade e do Amor divinos, portanto, alegoricamente de nosso seio, ou seja, de nosso coração, *jorrarão rios de água viva* (Jo 7:38), simbolizando os ensinamentos salvadores de origem divina e a Graça que estaremos ministrando em nome (com o poder) do Senhor.

Podemos concluir que a doutrina cristã de que devemos ter fé em Cristo e em seu nome não é contrária à proposição de que devemos despertar o Cristo em nós. Ao contrário, somente quando despertamos Cristo em nós é que realmente desenvolvemos a verdadeira e profunda fé em Cristo e não a mera crença superficial que não reflete o amor e a luz de Cristo em nossa vida diária. Essa verdade foi tornada explícita por Jesus, ainda que em linguagem velada como quase todas as passagens da Bíblia, ao censurar seus discípulos por sua pouca fé. Essa mesma conclusão será obtida de outra passagem com profundas implicações para nossa vida espiritual: "*Não sabeis que sois um templo de Deus e que o Espírito de Deus habita em vós?*" (1 Co 3:16). Se cada um de nós é um templo de Deus e o Espírito de Deus habita em nós, por que não agimos divinamente a todo o momento e em todas circunstâncias? A resposta é óbvia: porque ainda não despertamos Cristo em nós e preferimos virar nossas costas para nossa herança divina insistindo em continuar prisioneiros da ilusão de que somos separados de nosso Pai celestial e de seus outros filhos.

A busca da verdade

Agora que temos uma primeira noção da santa revolução que ocorrerá em nossa vida quando alcançarmos a Verdade, o próximo passo é investigarmos como alcançar essa verdade libertadora. Um dos ingredientes fundamentais da vida espiritual é o anseio insopitável pelo conhecimento de Deus, geralmente referido como aspiração ardente. Essa aspiração nos dará forças para buscarmos a verdade com todo nosso coração até que nos seja possível saciar esse anseio de nossa alma. Na Bíblia e na literatura mística são feitas menções sobre a importância da busca. No Antigo Testamento é dito: "*Se me procurares com todo o teu coração me encontrarás*" (Dt 4:29). Paulo, falando aos atenienses, indica que os homens foram colocados na terra "*Para que procurassem a divindade e, mesmo se às apalpadelas, se esforçassem por encontrá-la, embora não esteja longe de cada um de nós. Pois nele vivemos, nos movemos e existimos*" (At 17:27-28).

Jesus nos instou a buscarmos o Reino, asseverando que todo aquele que busca acha (Lc 11:10). Porém, a busca da verdade, que, em última instância, é a busca de Deus, deve ser feita com maior empenho e determinação do que a que fazemos pelas coisas deste mundo. O primeiro passo nessa busca é que para encontrar a verdade o buscador deve viver em sintonia com a verdade, ou seja, agir e falar em todas as circunstâncias de forma absolutamente verdadeira. As inúmeras menções de Jesus sobre a hipocrisia dos fariseus, que cuidavam mais das aparências do que da motivação de suas ações, deve alertar-nos para a sinceridade de nosso coração em tudo o que fizermos e dissermos.

A Igreja reconhece a importância da busca da verdade no caminho espiritual. No parágrafo introdutório da "Carta Encíclica *Fides et Ratio* (Fé e Razão)", apresentada em 1998, o Papa João Paulo II pontifica: "A fé e a razão constituem como que as duas asas pelas quais o espírito humano se eleva para a contemplação da verdade. Foi Deus quem colocou no coração do homem o desejo de conhecer a verdade e, em última análise, de O conhecer, para que, conhecendo-O e amando-O, possa chegar também à verdade plena sobre si mesmo."

Todo o ministério de Jesus estava voltado para despertar em nós o anseio e a necessidade de retornarmos à Casa do Pai e nos ensinar o caminho que leva ao Reino. Isso não quer dizer que só poderemos alcançar a meta quando conhecermos as implicações de todos os ensinamentos de Jesus, e tivermos aplicado-os em nossa vida. Como sugerimos anteriormente, o Mestre utilizava um método de instrução que visava apresentar o instrumental da transformação interior que leva ao Reino, sob diferentes enfoques. Com isso, aqueles que querem seguir o Mestre podem optar pelo método que melhor atenda ao seu momento espiritual e temperamento.

Em que pese a diversidade de caminhos que levam ao Reino, podemos distinguir um certo ritmo ou procedimento para a jornada que reflete o ritmo cíclico da vida. Verificamos que desde os astros no céu até os minúsculos átomos, passando por todos os seres vivos, tudo é regido por ciclos de expansão e de contração, de ida e de vinda, de expiração e inspiração, de sístole e diástole. A vida do ser humano também é regida por ciclos, tanto no seu aspecto mundano como espiritual. Nos principais sistemas do corpo humano esse princípio está presente: no respiratório com a inalação e a exalação, no circulatório com o sangue arterial e o venoso, no nervoso com os nervos aferentes e eferentes, no digestivo com a ingestão e a excreção. A busca da verdade também reflete o ritmo cíclico da vida. Inicialmente a verdade será buscada no exterior, ou por meio de instrumentos externos. Numa segunda etapa, o fluxo da vida nos levará a buscar a verdade no interior. Ambas as fases, ou enfoques, são necessárias, mostrando-nos que as duas têm um efeito complementar dentro da totalidade do sistema divino.

Na psicologia e na vida mística esse ritmo cíclico também foi constatado. Um dos mais inspirados pesquisadores da mente humana do século passado, o psicólogo Carl G. Jung, sugeriu que o propósito do ser humano é alcançar a individuação, que pode ser entendida como o desenvolvimento de todo o potencial do homem e sua integração como um ser maduro e realizado. A individuação seria alcançada por meio de duas fases, que correspondem basicamente às duas etapas da vida do ser humano, sendo a primeira caracterizada pela expansão da personalidade e sua adaptação ao mundo exterior e a segunda pela introversão, quando ele se adapta aos ditames da vida interior. Esse contraste de expansão para o exterior e subsequente movimento para o interior no processo de individuação foi comparado por um monge da ordem carmelita, John Welch,[33] que era também psicólogo, com o processo da busca de Deus apresentado por Teresa de Ávila na sua monumental obra: *"Castelo Interior ou Moradas"*.[34] Aquele monge sugere que as três primeiras moradas descritas por Teresa de Ávila, alcançadas por meio de orações em que se usa palavras ou pensamentos, equivaleriam à busca de Deus por meios externos. As três últimas moradas são alcançadas com a oração do silêncio, equivalendo ao meio interior na busca de Deus. A quarta morada seria uma etapa de transição entre as duas etapas fundamentais.

A busca da verdade libertadora, que só é encontrada no Cristo interior, também segue o mesmo processo cíclico, envolvendo um procedimento de busca com instrumentos externos e internos. Ainda que em alguns casos essas duas etapas de busca no exterior e no interior possam ocorrer separadas no tempo, em outros elas ocorrem simultaneamente, cada uma delas exercendo uma ação nitidamente complementar sobre a outra. Deve ficar claro que os instrumentos que descrevemos como exteriores também atuam no interior do homem promovendo sua transformação interior. Porém, o fator que inicia o processo ocorre no exterior do devoto. Os meios exteriores são: (1) o estudo da experiência daqueles que conseguiram conhecer a verdade libertadora, experiência essa descrita na literatura sobre a vida espiritual e a vida dos místicos; (2) aprendizado do sentido interior dos ensinamentos do Salvador por meio da interpretação bíblica com as chaves apropriadas; (3) a ajuda dos rituais e sacramentos da Igreja. Esses três instrumentos são extremamente poderosos e serão apresentados em ordem de subtilização crescente.

---

[33] J. Welch, *Spiritual Pilgrims* (N.Y., Paulist Press, 1982).

[34] Editora Paulus.

6

OS INSTRUMENTOS EXTERIORES

Estudo do caminho espiritual e da vida dos místicos

Até que o homem alcance a elevada estatura espiritual em que poderá atuar conscientemente com seu princípio crístico, só disporá de sua mente e intelecto para entender o mundo e seus processos. Por isso, o estudo da experiência daqueles que já trilharam o caminho que leva à Verdade libertadora será extremamente útil tanto para inspirar-nos quanto para nos alertar para os percalços do caminho e instruir-nos sobre a importância dos diferentes meios para se alcançar essa meta.

Existem muitas obras sobre a vida espiritual que podem auxiliar o devoto. Porém, devemos ter em mente o óbvio, ou seja, que o propósito do estudo deve ser aprender o que não conhecemos, e não meramente deleitar o ego reiterando o que já estamos cansados de saber com obras de autores conhecidos de nossa linha de pensamento ou de nossa crença. A atitude de buscarmos o novo faz parte do processo de expansão de consciência e de crescimento interior. Essa atitude também produz um excelente efeito colateral, o desenvolvimento da verdadeira fraternidade e da humildade, pois vamos inevitavelmente descobrir nesses livros de autores de outras correntes que não a nossa, que o bom Deus distribui talentos e sabedoria para todos seus filhos, não importa sua religião, nacionalidade ou *status*. Tenho verificado isso repetidamente em minha própria experiência de estudante da vida espiritual. Um dos temas que mais toca meu coração é a vida e os ensinamentos dos místicos. Depois de ter pesquisado a vida dos místicos cristãos, estudei livros de outras tradições e tive a agradável surpresa de verificar que os místicos orientais e, em particular, os místicos sufis (maometanos) também têm muito a nos ensinar.[35]

Os místicos são os expoentes da família humana que, em todos os tempos e todas as tradições, são consumidos por uma paixão por satisfazer seus anseios pela verdade absoluta e a experiência do amor total de Deus. Para alcançar sua meta fazem, aparentemente sem esforço e de bom grado, sacrifícios que o resto da humanidade considera descomunais. O mundo místico é extremamente diferente da vida cotidiana; qualquer tentativa de entendimento dessa outra realidade requer uma preparação prévia que expanda nossa capacidade de percepção. Assim como os sentidos físicos são imprescindíveis para a percepção da realidade exterior, novas capacidades espirituais são indispensáveis para perceber-se a realidade interior.

Em todos os tempos e tradições religiosas, os leigos e até mesmo boa parte dos religiosos sempre tiveram considerável dificuldade para entender as revelações apresentadas pelos grandes místicos. As ideias dos místicos, eivadas de paradoxos, parecem, às vezes, infringir a lógica e o bom-senso. A dificuldade de comunicação entre o místico e o homem comum é semelhante a de uma pessoa com visão normal tentando descrever o pôr-do-sol ou o arco-íris para um cego de nascimento. O cego, por mais imaginativo ou inteligente que seja, não pode conceber a diferença entre as cores e seus matizes. No caso da comunicação do místico com o leigo, o leigo é como um cego para aquele nível de percepção em que o místico tem suas visões.

Tomemos, por exemplo, um ensinamento em forma de poesia, do monge alemão, Ângelus Silésius:

"Se no teu centro
um Paraíso não puderes encontrar,
não existe chance alguma de,
algum dia, nele entrar."

---

[35] Vide: Rudolf Otto, *Mysticism East and West* (N.Y., The Macmillan Co., 1932) e *A Dervish Textbook* (rep.) (Londres, Octagon Press, 1980).

Como se vê, o místico só encontra força para suas realizações aparentemente sobre-humanas por ter a certeza interior de que a meta será alcançada. É como se Deus nos garantisse que quando o buscamos já o encontramos fora das limitações do tempo e do espaço. O místico Royce escreveu a esse respeito: "Finitos como somos, ainda que pareçamos perdidos na floresta ou no descampado do deserto, neste mundo do tempo e da chance, ainda temos, como os animais perdidos ou as aves migratórias, nosso instinto de direção. Buscamos. Isso é um fato. Buscamos uma cidade ainda distante. No contraste com essa meta, vivemos. Mas nesse caso, já possuímos então algo do Ser mesmo em nossa busca finita. Pois a prontidão para buscar já é uma realização, mesmo não sendo inteiramente satisfatória."

O misticismo pode ser visto como o processo de preenchimento da consciência com um conteúdo espiritual elevado que supera o obtido na experiência usual do dia-a-dia e que surge involuntariamente do inconsciente. O conhecimento resultante não é derivado da percepção dos sentidos, pois a vontade consciente nada tem a ver com ele, e só pode surgir por meio de inspiração do inconsciente. Os místicos, portanto, não são exclusivamente religiosos e nem sempre buscadores espirituais. Muitos místicos são encontrados entre os gênios da arte e da ciência, dentre os quais poderíamos mencionar Fidias, Rafael, Beethoven, Mozart, Goethe, Miguelangelo, Newton e Einstein.

A evolução da vida do místico, não importa a sua "escola" ou tradição religiosa, costuma acontecer nas seguintes etapas: (a) rompimento preliminar com o mundo dos sentidos; (b) novo nascimento e desenvolvimento da consciência espiritual em níveis elevados, também chamado na tradição cristã de 'conversão' e (c) realização da natureza divina em camadas cada vez mais íntimas e profundas da consciência.

O objetivo do místico é de se transformar de fato Naquele em cuja imagem e semelhança ele foi criado. Somente o Ser pode conhecer o Ser. Percebemos aquilo que somos e somos aquilo que percebemos. O caminho místico é a reconstrução de nosso ser: da ilusão do mundo exterior, onde nos encontramos aprisionados na teia dos sentidos, para a realidade invisível e indizível interior. Só o Real em nós pode conhecer o Real no Todo. Por isso foi dito: "*Não sabeis que sois um templo de Deus e que o Espírito de Deus habita em vós?*" (1 Co 3:16)

Apesar da natural variedade de experiências vividas pelos místicos, classificações tentativas foram sugeridas por alguns estudiosos. Ao longo da Idade Média a classificação preferida era de três estágios conhecidos como: via purgativa, via iluminativa e via unitiva. Teresa de Ávila, em sua obra *"Castelo Interior ou Moradas"*, fala de sete estágios. Atualmente, porém, a tendência é classificar a vida dos místicos em cinco estágios.[36]

1. Despertar. O despertar para a consciência da realidade divina é geralmente abrupto e bem perceptível, sendo acompanhado de sentimentos de intensa alegria a exaltação. Em alguns místicos pode ocorrer de forma gradativa ao longo de vários anos. Para alguns místicos a pedra de toque é o amor divino que os chama para uma união inefável. Apesar do despertar ser repentino normalmente expressa a culminação de um longo período de gestação interior da alma, que se caracteriza por intranquilidade, insatisfação e estresse mental. O despertar, também chamado de conversão, pode ser visto como um processo de descentralização.

Com o nascimento biológico o indivíduo sai de seu pequenino e confortável mundo intra-uterino, totalmente protegido, para o mundo exterior onde passará a ser controlado por instintos inatos de autopreservação e de expressão de sua natureza primitiva. Para ele o universo está organizado ao redor de sua personalidade, o centro de seu mundo. Com o crescimento, um dia virá o despertar místico. Esse significa uma reviravolta em sua consciência individual, que passa a ser orientada para um mundo maior, há uma expansão de consciência. Com frequência essa mudança ocorre de repente e torna-se uma grande revelação. Esse é o primeiro aspecto do despertar: a

[36] Para maiores detalhes vide o extenso trabalho de Evelyn Underhill, *Mysticism* (Oxford, Oneworld Publications, 1993).

pessoa emerge de um mundo menor e limitado de existência para um mundo mais amplo e mais belo.

Na maioria dos casos, o início dessa nova consciência ocorre de forma inesperada. Parece imposto de fora em vez de surgir do interior. O tipo de experiência marcante do despertar, ou conversão, depende do temperamento do futuro místico e de suas condições sociais. Existem dois caminhos básicos para a percepção da Realidade: o aspecto transcendente e o imanente, que também se expressam como o eterno e o temporal, o absoluto e o dinâmico. Eles englobam as duas formas de conhecimento de Deus que é ao mesmo tempo Ser e Vir a Ser, longe e perto. Ainda que no místico maduro ambos os aspectos sejam vivenciados, o despertar místico sempre se dá pela linha de menor resistência.

Para alguns a experiência pode ser a apreensão de um esplendor externo, uma compreensão mais ampla do universo, sem forma e inefável, que toma conta da alma, fazendo-a passar do conhecimento deste mundo para um vago ainda que verdadeiro conhecimento do outro mundo. O Deus Supremo é percebido como transcendendo este mundo ainda que imanente em todas as coisas. A nota predominante dessa experiência é a glória de um mundo transfigurado. Para outros indivíduos a pedra de toque é o amor divino, como ocorreu com Francisco de Assis, Madame Guyon, Catarina de Gênova, para citar uns poucos exemplos mais conhecidos. Nesses casos, o místico é estimulado por uma realidade interior, por Deus Imanente. Enquanto os que olham para fora percebem a revelação da Beleza Divina, os que olham para dentro são tocados pelo Amor Divino.

2. Purgação. Para que o despertar interior surta o efeito desejado de direcionar a alma para o caminho místico, o indivíduo deverá responder positivamente a essa experiência. Não basta ser um espectador da Realidade. A pessoa deve ser tomada por um ardente desejo de participar daquela vida maior que vislumbrou. Para isso deve estar disposta a embarcar numa extenuante mudança radical de vida. O primeiro passo desse longo e penoso caminho deve ser o abandono de tudo aquilo que não estiver em harmonia com a realidade superior percebida, isto é, deve renunciar a todas as ilusões, imperfeições e males de todo tipo tão naturais no viver comum. Tendo vislumbrado a beleza ou o amor de Deus, a alma entende que deve se purificar de tudo o que é contrário à natureza divina. Percebe que as virtudes são os "ornamentos do casamento espiritual"[37] porque aquele casamento é a união com Deus, que se adorna com o Belo e com a Verdade. A alma compreende que deve ser purgada de toda impureza que a torna indigna de aproximar-se do Supremo Bem. Ela deseja ardentemente fazer isso desde o primeiro instante em que percebe o contraste entre a Luz do Bem Supremo e sua natureza mundana maculada. A história da vida dos místicos está cheia de exemplos do profundo senso de necessidade que impele a alma recém-desperta a uma vida de desconforto material, geralmente de grande pobreza e dor, e conflitos existenciais como a única maneira de substituir a ilusória experiência deste mundo pelo conhecimento verdadeiro do mundo celestial. Porém, esse esforço para efetuar a purgação é feito com grande alegria, pois seu objetivo, o retorno à presença de Deus, permanece constante em sua consciência, dando força e alento para todas suas batalhas.

Não importa se as formas de purgação são drásticas e extenuantes as atividades a que o místico é levado, ele reconhece que a destruição de seu antigo universo é uma parte essencial do grande trabalho. A fase de purgação inclui invariavelmente a autodisciplina, que não deve ser confundida com ascetismo. Esse geralmente é uma deturpação da autodisciplina, pois envolve o abuso da capacidade física com privações e autoflagelações, que reforçam, na verdade, o senso de separação do asceta. O ideal é uma atitude de simplicidade austera e saudável. O misticismo cristão passou por várias fases de ascetismo exagerado, que se iniciou com os anacoretas e cenobitas, conhecidos como padres do deserto dos primeiros séculos, e continuou ao longo da Idade Média.

---

[37] Vide: John de Ruysbroeck, *The Adornment of the Spiritual Marriage* (op.cit.)

3. Iluminação. Após o período de purificação, a experiência inicial de elevação espiritual retorna, porém de forma mais intensa. O místico alcança o estágio iluminativo, uma das etapas mais características da vida mística. Quando, pela purgação, a alma se desapega das coisas próprias dos sentidos físicos e adquire as virtudes que sente serem necessárias para aproximar-se do Senhor, a Graça da Luz faz-se presente de forma cada vez mais profunda e abrangente. A partir de então é como se a alma estivesse diante do Sol, alcançou a Iluminação, um estado no qual ocorrem visões e aventuras da alma que foram descritas por Teresa de Ávila e tantos outros místicos. Essas experiências parecem formar um caminho dentro do caminho místico, um modo de alcançar o objetivo final, um treinamento divino que visa fortalecer a alma e assisti-la em sua ascensão. A iluminação constitui-se o cerne do estado contemplativo e produz uma certa percepção do Absoluto, um senso da Presença Divina, mas não é ainda a verdadeira união com o Um, embora seja também um estado de grande felicidade.

O termo iluminação para essa fase é literalmente apropriado, pois nela as experiências dos místicos são quase sempre relacionadas com a luz. Essas experiências são descritas pelo profeta Isaías de forma tocante: "*Não terás mais o sol como luz do dia, nem o clarão da luz te iluminará, porque o Senhor será a tua luz para sempre, e o teu Deus será o teu esplendor. O teu sol não voltará a pôr-se, e a tua lua não minguará, porque o Senhor te servirá de luz eterna e os dias do teu luto cessarão*" (Is 60:19-20).

Existem três tipos de experiências associadas com a etapa da iluminação que se repetem na vida do místico. O primeiro é o profundo contentamento que acompanha a apreensão do Absoluto, descrito por alguns como a 'prática da presença de Deus': o místico, agora purificado, ainda se percebe como uma entidade separada de Deus; ele não está imerso em sua Origem, mas a contempla. No segundo tipo, essa clareza de visão também pode ser obtida com relação ao mundo terreno: as percepções físicas apresentam-se de forma consideravelmente mais nítidas, a tal ponto que o indivíduo percebe outros significados e realidades em todas as coisas naturais. Por fim, além dessa expansão dual de consciência, há o aumento considerável da capacidade intuitiva e de percepção transcendental. Em virtude dessas expansões de consciência, o místico passa a ouvir em sua mente sons ou mesmo vozes, ocorrendo às vezes diálogos entre a consciência usual e uma inteligência interior que parece ser divina. Visões inefáveis acompanham esse processo.

Depois de todo sofrimento da etapa purgativa, o místico agora se deleita com a efusão do amor divino e com os segredos daquele poderoso universo que ele compartilha com os demais seres da natureza e com Deus. Nesse estágio, a intensidade de visão e a certeza da percepção das coisas se combinam. As visões que o vidente traz consigo quando retorna a sua consciência usual não são meramente impressões parciais, mas verdades que abarcam o mundo, a vida e a conduta dos seres vivos. Essas experiências não se restringem aos religiosos, mas são compartilhadas também por poetas, artistas, filósofos e até mesmo cientistas. Em seus momentos de êxtase, recebem revelações da verdade que nunca antes tinham conhecido. Nesse estágio muitas das conquistas da ciência, da filosofia e da religião são alcançadas pelos místicos 'iluminados' pela consciência crística. Mas o caminho místico não termina nesse ponto, ainda que poucos consigam ir além.

4. Purgação da alma. Antes de alcançar a culminação da união com Deus, o místico terá que passar por outra etapa purgativa, dessa vez de natureza interior. Terá que se purificar da própria noção de ser um eu separado. Essa é tida como a mais terrível de todas as experiências da via mística, sendo chamada por alguns de 'dor ou morte mística', 'purificação do Espírito' e 'noite escura da alma'. Enquanto na primeira purgação os sentidos foram purificados e disciplinados, e as energias e os interesses do indivíduo concentrados em coisas transcendentais, agora o processo de purificação deve ser estendido até o âmago do ser. O instinto humano para a felicidade pessoal deve ser destruído. Deve ocorrer uma crucificação espiritual. O eu deve agora se entregar completamente a Deus, colocando sua individualidade e sua vontade pessoal como oferendas no altar divino.

O ingresso nessa nova etapa toma de surpresa o místico acostumado à bem-aventurança da etapa iluminativa. Mais uma oscilação entre a luz e a escuridão espera o viajante do árduo caminho místico. Quando a 'noite escura da alma' ocorre, ela raramente é interrompida por visões ou amenizada por vozes interiores. Uma de suas maiores misérias é o fato de que o poder adquirido anteriormente do consolo da oração e da contemplação parece inteiramente perdido. Um sentimento de impotência, vazio e de solidão invade a alma do místico, que a partir de então se encontra imerso num 'fogo escuro' de purificação.

Em sua obra célebre, João da Cruz descreve esse tormento com palavras pungentes: "No tempo das securas desta noite sensitiva Deus opera a mudança já referida: eleva a alma, da vida do sentido à do espírito, isto é, da meditação à contemplação, quando já não é mais possível agir com as potências ou discorrer sobre as coisas divinas. Neste período, padecem os espirituais grandes penas. Seu maior sofrimento não é o de sentirem aridez, mas o receio de haverem errado o caminho, pensando ter perdido todos os bens sobrenaturais e estar abandonados por Deus, porque nem mesmo nas coisas boas podem achar arrimo ou gosto. Muitos se afanam então, e procuram, segundo o antigo hábito, aplicar as potências com certo gosto em algum raciocínio; julgam que, a não fazer assim, ou a não perceber que estão agindo, nada fazem... Tais almas, neste tempo, se não acham quem as compreenda, deixam o caminho, abandonando-o, ou se afrouxando." [38]

5. União. É nessa etapa que finalmente o místico alcança o objetivo de todo o seu empenho. Quando a alma não espera mais nada, então ela está pronta para a união. Foi assim com Jesus em sua experiência de sofrimento, solidão e abandono, quando disse no Monte das Oliveiras: "*Pai, se queres, afasta de*

[38] João da Cruz, *Obras Completas: Noite Escura* (Petrópolis, Vozes, 1996), p. 467.

mim este cálice! Contudo, não a minha vontade, mas a tua seja feita!" (Lc 22:42). Nesse estágio a Vida Absoluta não é simplesmente percebida pelo indivíduo, como na iluminação, pois agora o místico tem a experiência de ser uno com ela. Ele sabe que alcançou a estatura da plenitude de Cristo e passa a agir no mundo como um instrumento divino, com humildade, infinita compaixão e sabedoria.

Agora ele alcançou a Verdade e sabe por experiência própria que é uno com Deus. Na verdade, torna-se uma expressão de Seu poder, de Seu amor e de Sua sabedoria, assumindo, consequentemente, a responsabilidade, compartilhada por todas as outras expressões divinas, de ajudar na salvação dos outros filhos de Deus no mundo. Ocorre então uma transformação radical em sua postura de vida. Ele parece receber também a energia divina para dinamizar sua vida exterior. Abandona então a atitude passiva característica das etapas anteriores e embarca num novo período de atividade no mundo como verdadeiro obreiro na seara do Senhor, agindo com incomparável eficiência e habilidade em todas as tarefas necessárias para a realização de sua missão terrena. Temos como exemplos desse extremo dinamismo, as atividades de organização de Teresa de Ávila e João da Cruz; as atividades de pregação de Francisco de Assis, Inácio de Loyola, Eckhart, Suso, Tauler e Fox; de filantropia de Catarina de Gênova, Vicente de Paula, Catarina de Siena e, recentemente, Madre Teresa de Calcutá.

Ao alcançar o ápice da suprema realização da vida espiritual, os místicos passam a viver em duas frentes simultaneamente: voltados para Deus e para a humanidade. Em praticamente todos os casos conhecidos, esses grandes ativistas tiveram primeiro que deixar o mundo como uma condição necessária para o estabelecimento da união com aquela Vida Absoluta, pois uma mente distraída com os muitos não pode apreender o Um. Daí ser a conhecida solidão do deserto ou da caverna uma parte essencial da educação mística. Ele precisa galgar sozinho a montanha, para depois retornar à planície como um plenipotenciário do Alto.

Interpretação da Bíblia

O estudo da Bíblia também oferece verdades inspiradoras. Contudo, nossas escrituras, e mais especificamente os evangelhos, têm origem complexa, e o processo de sua transmissão tornou a versão que conhecemos de difícil entendimento. Uma das razões para isso é que Jesus ministrava seus ensinamentos em aramaico e não em grego, língua em que supostamente os evangelhos foram escritos. Como aqueles ensinamentos foram transmitidos em aramaico pelos detentores da tradição oral durante várias décadas, alguns estudiosos acreditam que eles foram primeiramente escritos naquela língua e só mais tarde traduzidos para o grego.

Com base nessa versão grega, os ensinamentos foram, mais tarde, vertidos para o latim e, finalmente, para outras línguas modernas. Daí o surgimento de vários problemas na sua transmissão em função da estrutura dessas línguas e dos problemas usuais de tradução. É notório que a experiência de traduzir um documento, especialmente de caráter místico, redunda sempre em alguma perda do significado original, mesmo quando o tradutor é bem versado nas duas línguas. Mas, no caso da Bíblia, temos um sério problema adicional, que é o fato de que, até o século XV, os exemplares da Bíblia eram individualmente preparados por copistas, até que foi inventado o método de impressão mecânica. Os copistas, geralmente monges, naturalmente cometiam erros de transcrição e, o que é pior, às vezes, procuravam 'ajudar' o entendimento do texto fazendo algumas 'correções' que julgavam apropriadas. Como se isso não bastasse, existem fortes indícios de que várias adições, modificações e subtrações foram efetuadas no Novo Testamento para conformar o texto com decisões tomadas nos diversos concílios da Igreja. Com isso o texto bíblico foi perdendo a pureza da prístina mensagem do Salvador, tal como verdadeiramente registrada pelos autores dos evangelhos.

O trabalho de grande número de estudiosos bíblicos a partir do século XIX, mostrando muitas das incoerências dos evangelhos, conseguiu identificar, por meio da análise linguística, vários exemplos de interpolações e supressões que teriam ocorrido. Essas descobertas levaram o Papa Pio XII, na encíclica DIVINO AFFLANTE SPIRITUS (30.07.1943), a pedir a revisão das Escrituras e até mesmo da Vulgata. Essa decisão papal causou grande celeuma entre o clero, porque a Vulgata tinha sido proclamada, pelo Concílio de Trento, como inspirada por Deus, e o Papa Bento XV tinha declarado em 1920 (encíclica SPIRITUS PARACLITUS): 'A inspiração divina atinge todas as partes da Bíblia, sem eleição nem distinção alguma, e é impossível que o mínimo erro se tenha insinuado no texto sagrado inspirado'. Ora, como o Concílio Vaticano I, em 1870, havia estabelecido o dogma da infalibilidade papal (válido mesmo retroativamente), qualquer revisão bíblica estaria infringindo o "fato" estabelecido por Bento XV de que era impossível existir o mínimo erro no texto sagrado inspirado.

Infelizmente não existe nenhum exemplar conhecido da versão original do Novo Testamento. O mais antigo manuscrito transmitindo os quatro evangelhos num único códice teria sido escrito por volta de meados do século III. No entanto esse manuscrito não é completo.[39] Os manuscritos mais antigos contendo a totalidade dos quatro evangelhos são conhecidos como *Codex Sinaiticus e Codex Vaticanus*,[40] datados de meados do século IV. Esse fato não permite a comparação do texto atual com o que teria sido o texto original dos evangelhos. A Igreja admite que os evangelhos podem ter passado por três ou mais versões antes de chegar ao texto canonizado.[41] As hipóteses levantadas para explicar essa lenta evolução da redação dos evangelhos são demasiadamente complexas para serem apresentadas aqui. O importante é que o texto de cada um dos evan-

---

[39] Ele contém somente os capítulos 20, 21, 25 e 26 de Mateus, capítulos 4-13 de Marcos, capítulos 6-13 de Lucas e o capítulo 10 de João. Vide H. Koester, *Ancient Christian Gospels* (Philadelphia, Trinity Press, 1990), p. 241.

[40] H. Koester, op.cit., p. 241.

[41] Bíblia de Jerusalém, p. 1829.

gelhos não foi escrito por um único autor, desde o início, sob a "inspiração do Espírito Santo" em sua forma final e "sem erros," como atesta o Papa Bento XV.

Além disso, os ensinamentos originais em aramaico apresentavam conotações que nem sempre era possível expressar inteiramente em outras línguas. Isso se deve ao fato de o aramaico ser uma língua antiga e bastante sintética. Suas palavras podem comumente ter diferentes e múltiplos significados como ocorre com suas línguas irmãs, hebraica e árabe. Ao contrário do grego, o aramaico não tem divisões rígidas entre meios e fins, ou entre qualidades internas e ação externa. Ambos estão sempre presentes.[42] Relativamente ao aramaico, o grego só foi introduzido no oriente médio bem mais tarde, assim, os vários significados de cada palavra em aramaico eram expressos por duas ou mais palavras diferentes em grego. Pode-se, portanto, dizer que, em aramaico, as palavras são ricas em significado, enquanto o grego é uma língua rica em palavras.

Quando os linguistas comparam os textos bíblicos existentes em aramaico e em grego, verificam que o texto grego invariavelmente limita o significado mais profundo e abrangente da versão original em aramaico. Isso explica parte das dificuldades que os cristãos têm para entender os ensinamentos do Senhor. O significado mais amplo das palavras de Jesus foi limitado, e até mesmo distorcido em alguns casos, com as diferentes traduções e editorações ao longo dos séculos. Esse é um sério problema para o devoto, pois Jesus usava os diferentes significados das palavras para despertar na alma de seus ouvintes uma sintonia com a profunda verdade transformadora que ele procurava transmitir sob a aparência de coisas simples. Verificamos que algumas confusões idiomáticas nas parábolas de Jesus na Bíblia em grego, tornam-se claras para o leitor do texto em aramaico, em vista do significado mais amplo das palavras usadas.

---

[42] Vide: Neil Douglas-Klotz, *Orações do Cosmo* (Triom, Libraria Editora e Abwoon Studies), pp. 15-18.

Felizmente ainda existe uma versão da Bíblia em aramaico, ainda que pouco conhecida. Ela é chamada de *Peshitta*, sendo ainda hoje adotada pela Igreja do Oriente, principalmente em partes da Síria e da Armênia. A palavra *peshitta,* em aramaico, significa simples, sincero e verdade.

Para que possamos aquilatar as implicações da diversidade de significados das palavras em aramaico, tomemos, por exemplo, a palavra *shema*, que pode significar luz, som, nome ou atmosfera. Nas diferentes passagens em que Jesus nos orienta para orarmos 'com ou em seu *shema*' (geralmente traduzido como 'em meu nome'), que significado Jesus realmente queria nos passar? "De acordo com uma tradição do Oriente Médio, nas palavras da escritura sagrada ou nas palavras de um profeta todos os significados possíveis podem estar presentes. O devoto precisa considerar cada frase nas diferentes interpretações possíveis. Além disso, o aramaico e o hebraico prestam-se a um rico e poético jogo de palavras, com a rima interna de vogais, repetição de sons de consoantes e frases paralelas. Esses artifícios aumentam ainda mais as possíveis traduções e interpretações de um dado significado." [43]

Os exemplos de como os diferentes significados das palavras em aramaico nos possibilitam um entendimento mais abrangente para as passagens bíblicas são demasiado numerosos para serem apresentados aqui. Vale a pena mencionar, porém, que a expressão traduzida como 'Jesus filho de Deus' em aramaico era *Yeshua bar Alaha*, que poderia ser traduzida mais apropriadamente como 'Jesus filho da Unidade'. Talvez a passagem mais marcante para o cristão perceber a riqueza de significados do aramaico seria a Oração do Senhor. O texto abaixo foi adaptado do livreto do estudioso Neil Douglas-Klotz, "Orações do Cosmo"[44] em cotação com outras versões de traduções do aramaico.

---

[43] *The Hidden Gospel: Decoding the Spiritual Message of the Aramaic Jesus,* op.cit., p. 19.

[44] Para contatar os editores: Triom – Livraria Editora, Rua Araçari, 208, 01453-020 e-mail: cetriom@ibm.net e Abwoon Studies, Caixa Postal 96947, 28601-970 – Nova Friburgo, RJ. FAX: 24-542-2052; e-mail: sabira@uol.com.br.

O PAI NOSSO
(do original em aramaico)

Ó Fonte da Manifestação! Alento da vida!
Pai-Mãe do Cosmo!
Faze Tua Luz brilhar dentro de nós,
para que possamos torná-la útil.

Ajuda-nos a seguir nosso caminho
movidos apenas pelo sentimento que emana de Ti.
Que nosso eu possa estar em sintonia contigo,
para que caminhemos com realeza com todos
os outros seres criados.

Estabelece Teu Reino de unidade agora.
Que Teu desejo e os nossos sejam um só,
em toda a luz, assim como em todas as formas.

Dá-nos o que precisamos cada dia, em pão e compreensão.
Desfaz os laços dos erros que nos prendem,
assim como nós soltamos as amarras que mantemos da culpa dos outros.
Não permita que a superficialidade e a aparência das coisas do mundo nos iludam.
Mas liberta-nos de tudo que nos aprisiona.

E não nos deixe sermos tomados pelo esquecimento
de que de ti nasce a vontade que tudo governa,
o poder e a força viva de todo movimento,
e a melodia que tudo embeleza
e de idade em idade tudo renova.
Amém.

A riqueza do significado da língua aramaica é um incentivo adicional para conhecermos a riqueza de nossa tradição cristã escondida na Bíblia. Porém, não basta conhecermos e repetirmos a Bíblia de memória, como um papagaio, dominando a letra morta, mas alheio ao espírito que dá vida. Esse espírito está oculto na linguagem alegórica sagrada de nossa escritura, que deve ser desvelada por todo aquele que busca a Verdade. A dificuldade do ser humano em perceber e aceitar a verdade sempre foi conhecida pelos sábios de todas tradições e em todos os tempos. Por essa razão os grandes instrutores da humanidade geralmente revestem a verdade com uma roupagem de alegoria para que seus ouvintes possam conhecer aquele nível da verdade que estiver ao seu alcance. Uma antiga fábula judaica expressa esse fato:

"Um dia, a Verdade andava visitando os homens sem roupa e sem adornos, tão nua como o seu nome. E todos que a viam viravam-lhe as costas de vergonha ou de medo e ninguém lhe dava as boas-vindas.

Assim, a Verdade percorria os confins da Terra, rejeitada e desprezada.

Uma tarde, muito desconsolada e triste, encontrou a Parábola, que passeava alegremente, num traje belo e muito colorido.

- Verdade, por que estás tão abatida? Perguntou a Parábola.

- Porque devo ser muito feia, já que os homens me evitam tanto!

- Que disparate! Riu a Parábola ... Não é por isso que os homens te evitam. Toma, veste algumas das minhas roupas e vê o que acontece.

Então a Verdade pôs algumas das lindas vestes da Parábola e, de repente, por todos os lugares por onde passava, era bem-vinda. Pois os homens não gostam de encarar a Verdade nua; eles a preferem disfarçada."

No entanto, para entender o significado profundo da mensagem bíblica, temos, em primeiro lugar, que conhecer a mensagem literal da Bíblia. Nesse particular os evangélicos estão muito à frente de seus irmãos católicos. A comunidade católica sofre as consequências históricas da proibição estabelecida pela Igreja, que perdurou por muitos séculos, da leitura da Bíblia pelos leigos. Apesar de a proibição ter sido revogada, o hábito permanece, e a Igreja Católica até hoje não incentiva ou promove a leitura e o estudo da Bíblia por seus fieis, como fazem as igrejas evangélicas. O resultado é que o católico comum tem um conhecimento muito fragmentado e superficial de seu livro sagrado. O buscador da verdade faria bem em procurar conhecer melhor o grande tesouro de sua tradição.

Mas, se nosso objetivo é entender o significado profundo dos ensinamentos do Senhor que se encontram na Bíblia, precisamos aprender o espírito que está escondido por trás de sua vestimenta externa. Muitos cristãos poderiam questionar se realmente existe um método específico e sistemático para a sua interpretação. Apesar de estarmos cientes das diversas passagens em que Jesus diz que aos apóstolos ele revelava diretamente os mistérios do Reino dos Céus, enquanto ao público tudo era dito em parábolas, não parece que o fiel moderno se deu conta de que os evangelhos foram escritos em parábolas, ou seja, em linguagem alegórica. Portanto, sem a devida interpretação, essas narrações serão aceitas ao pé da letra, perdendo-se assim o ensinamento mais profundo que está escondido por trás do véu da alegoria.

A interpretação dos textos sagrados sempre foi considerada com reserva pela Igreja. Temia-se, com razão, que as interpretações pudessem mostrar certas incoerências entre a doutrina oficial e a mensagem bíblica. Um exemplo dessa política foi o desaparecimento da monumental obra de Papias, bispo de Hierápolis (Ásia Menor), que escreveu em aproximadamente 140 d.C. um livro em cinco volumes, intitulado Interpretação das Palavras do Senhor. Essa obra foi perdida, sendo conhecida apenas por alguns fragmentos relatados por Eusébio e Irineu. Porém, a Igreja tinha outra razão igualmente importante para não deixar que a obra de Papias permanecesse em circulação: as palavras do Senhor que ele interpretou não foram retiradas dos quatro evangelhos canônicos, pois eles ainda não existiam naquela época, ao contrário do mito estabelecido pela Igreja de que os evangelhos teriam sido escritos pouco tempo depois da morte de Jesus.

Mas não é somente o Novo Testamento que foi escrito em parábolas e linguagem alegórica. O Antigo Testamento também foi redigido na mesma linguagem sagrada, fenômeno que também ocorreu com as escrituras das outras grandes religiões. Esse fato sempre foi conhecido pelos verdadeiros estudiosos da tradição judaico-cristã. Por exemplo, de acordo com Moisés Maimonides, um renomado teólogo, filósofo e talmudista judeu, que viveu no século doze: "Cada ocasião em que você encontra em nossos livros um conto cuja realidade parece impossível, uma história que é repugnante à razão e ao bom senso, então esteja certo de que eles contêm uma imperscrutável alegoria velando uma profunda verdade misteriosa; e quanto maior o absurdo da letra, mais profunda a sabedoria do espírito."[45]

Um dos mais respeitados livros da tradição da cabala judaica, o Zohar, afirma: "Ai do homem que vê na Tora, isto é, na Lei, somente simples exposições e palavras usuais! Porque, se na verdade ela somente contém isso, nós igualmente seríamos capazes hoje de compor uma Tora muito mais merecedora de admiração ... As narrativas da Tora são as vestimentas da Tora. Ai daquele que toma essas vestimentas como sendo a própria Tora! ... Há algumas pessoas tolas que, vendo um homem coberto com uma bela roupa, não leva sua consideração mais além, e toma a vestimenta pelo corpo, enquanto lá existe uma coisa ainda mais preciosa, que é a alma... Os sábios, os servidores do Rei Supremo, aqueles que habitam as alturas do Sinai, estão ocupados exclusivamente com a alma, que é a base de todo o resto, que é a própria Tora; e no tempo vindouro eles serão preparados para contemplar a Alma daquela Alma (i.e. o Deus) que sopra na Tora."[46]

A Bíblia, tal como as escrituras de outras religiões, pertence a um tipo especial de literatura, que se pretende seja o repositório da sabedoria divina revelada por profetas e outros mensageiros divinos. Ela foi escrita por meio de uma linguagem especial, referida universalmente como a linguagem sagrada. Essa linguagem utiliza símbolos, alegorias, analogias e parábolas tanto para

---

[45] Citado por Geoffrey Hodson, em *A Vida de Cristo* (Brasília, Editora Teosófica, 1999), p. 11.

[46] Ditto, p. 12.

velar quanto para revelar a mensagem sagrada. Mas se os profetas tinham a missão de trazer a mensagem de Deus aos homens, por que velá-la?

Os mensageiros divinos sempre souberam que somente um pequeno percentual da população de cada país está preparado para receber os segredos mais profundos que conferem poder. Por essa razão Jesus alertou seus discípulos, de forma contundente, sobre os perigos de revelar esse tipo de segredo: "*Não deis aos cães o que é santo, nem atireis as vossas pérolas aos porcos, para que não as pisem e, voltando-se contra vós, vos estraçalhem*" (Mt 7:6). O Mestre, conhecendo a natureza humana, ordena a seus discípulos de forma peremptória, que não divulguem os segredos divinos que conferem poder aos homens voltados para a vida material, para que eles não utilizem esses poderes para 'estraçalhar' seus benfeitores e todos aqueles que possam ameaçar seus interesses egoístas.

Como esses segredos possibilitam àqueles que os possuem a manifestação de fenômenos que podem afetar a vida de grande número de pessoas, só podem ser revelados aos discípulos comprometidos que foram reconhecidamente purificados de todo egoísmo, e que são incapazes, em qualquer situação, de fazer mal aos seus semelhantes. Esse é o sentido da segunda bem-aventurança do Sermão da Montanha: "*Bem-aventurados os mansos, porque herdarão a terra*" (Mt 5:4). Os mansos são aqueles seres amorosos e inofensivos, capazes de atrair até mesmo os animais que sentem essa mansuetude, como ocorria com Francisco de Assis e outros místicos. Herdar a terra significa obter os poderes da natureza que podem afetar a vida na terra, tanto de homens como de outros seres. Essa herança traz consigo uma tremenda responsabilidade, tanto para os que a transmitem como para os que a recebem. Essa é a razão dos véus usados na linguagem sagrada.

Mas a responsabilidade dos profetas e de seus discípulos iniciados nos mistérios da linguagem sagrada não se restringia à dissimulação dos ensinamentos profundos que conferem poder. Sendo seres iluminados e profundamente amorosos, eles por certo assumiam o compromisso de envidar todo esforço, dentro dos limites permitidos pela Lei divina, para colocar os ensinamentos libertadores à disposição daqueles que buscam a Verdade. Isso significa que a linguagem sagrada deve velar os segredos ao público, mas revelá-los aos buscadores da verdade que, por seus méritos, são capazes de descobrir ou receber as chaves para a sua interpretação. Como esse problema dual, velar e revelar, existe desde os primórdios da história humana, os grandes sábios desde tempos imemoriais desenvolveram regras que governam a linguagem sagrada. Não importa em que idioma ela seja escrita, as regras são sempre as mesmas, possibilitando assim a todos os que tiverem suas chaves entender a mensagem por trás das alegorias, mesmo com o passar do tempo e a tradução do texto para outras línguas.

Mas, se essa linguagem sagrada visa coibir a divulgação do sagrado a quem não está preparado para recebê-la, como será possível o conhecimento de suas chaves pelos devotos cristãos no momento atual?

Uma vez que a humanidade como um todo evolui, aquilo que era mantido oculto numa determinada época, para determinadas comunidades, com o passar do tempo torna-se progressivamente conhecido por diferentes meios, ainda que o âmago dos segredos que conferem poder permaneça sempre inviolável. Na era atual, algumas dessas chaves nos foram reveladas por aqueles que as receberam de seus instrutores devidamente credenciados. Quatro das sete chaves utilizadas pelos autores das sagradas escrituras encontram-se disponíveis.[47] Elas, quando utilizadas, fazem o papel de óculos para quem ainda não desenvolveu a visão espiritual, restaurando a clareza de visão para aquele que antes percebia o mundo bíblico de forma turva e indistinta.

Ao longo dos séculos, indicações sobre a interpretação bíblica foram apresentadas por diferentes sábios. Entre os judeus, foi feito um esforço, por seus rabinos, para o desenvolvimento

[47] Vide, Geoffrey Hodson, *A Vida de Cristo - do Nascimento à Ascensão* (Editora Teosófica, 1999) e *A Sabedoria Oculta na Bíblia Sagrada* (Editora Teosófica, 2007).

de regras que permitissem a compreensão e aplicação da Lei.[48] Nos primórdios da tradição cristã, havia duas escolas principais de exegese e hermenêutica bíblica: a escola de Antioquia, cujos principais mestres foram Teófilo, João Crisóstomo e Teodoro de Mopsuécia; e a escola de Alexandria, cujos mestres foram Cirilo, Clemente e Orígenes, como seu expoente máximo. A escola de Alexandria ensinava o método de interpretação alegórica, que já era usado um século antes por alguns sábios judeus como Philos de Alexandria (primeira metade do século I d.C.). Para ela, a letra da escritura é como o corpo, mas sem a alma o corpo é um cadáver; o sentido alegórico é a mensagem espiritual.[49] Porém, a escola de Antioquia, já nos séculos III e IV, acusava esse método de levar a um individualismo desenfreado. Essa acusação seria válida se as interpretações alegóricas fossem feitas aleatoriamente, sem uma metodologia, o que não era o caso, como será visto mais adiante. Os mestres de Antioquia insistiam no método histórico que levava em consideração o contexto cultural da tradição judaica, no qual o texto foi escrito ou dito, e o propósito a que serviu.

Como Jesus obviamente falava dentro do contexto histórico e cultural da tradição judaica, mas apresentava seus ensinamentos públicos em forma de parábolas, com seus símbolos e alegorias, os dois métodos são complementares e não antagônicos, como sugerem muitos teólogos desde tempos idos até os dias de hoje. Quando buscamos entender as passagens bíblicas, verificamos que o método histórico facilita o entendimento do contexto em que os ensinamentos foram ministrados e nos possibilita compreendermos a razão de Jesus usar certas imagens em suas pregações. O estudo dos evangelhos no original aramaico, com seus significados abrangentes, estaria incluído no método histórico. No entanto, o uso exclusivo do método histórico não é suficiente para desvelar as mensagens mais profundas escondidas na letra

---

[48] Karlfried Froehlich, *Biblical Interpretation in the Early Church* (Philadelphia, Fortress, 1984), pp. 30-36.

[49] *A Concise History of the Early Church*, op.cit., p. 13.

da escritura. Por isso o método de interpretação alegórica, usado desde os primeiros tempos do Antigo Testamento pelos sábios judeus e retomado pela escola de Alexandria, é o complemento necessário para a compreensão do sentido espiritual dos ensinamentos de Jesus.

Os exegetas de Alexandria diziam que os autores das escrituras sempre usavam palavras que, por analogia, davam o sentido espiritual da mensagem subjacente. Por exemplo, uma montanha era usada para representar um estado elevado de consciência. Assim, quando uma passagem bíblica menciona que os personagens subiram a montanha (ou monte), o que está sendo transmitido é que eles alcançaram um estado elevado de consciência. Ao contrário, quando é dito que desceram a montanha, está sendo indicado que retornaram ao estado normal de consciência. Para esses estudiosos, o texto bíblico foi escrito em alegorias em que "pessoas e incidentes tornam-se representativos de virtudes, doutrinas ou incidentes abstratos na vida da alma."[50] Outros autores, ao longo dos séculos foram revelando progressivamente outros aspectos da linguagem sagrada.

Geoffrey Hodson, eminente clarividente, pesquisador e escritor que viveu no século passado, coligiu todas as informações que obteve da literatura e de suas pesquisas meditativas ao longo de mais de cinquenta anos sobre a interpretação bíblica, publicando-as em dois livros monumentais. O primeiro foi *A Sabedoria Oculta na Bíblia Sagrada,* publicado em inglês pela primeira vez em 1963 em quatro volumes, e o segundo *A Vida de Cristo - do Nascimento à Ascensão*, publicado originalmente em 1975. Ambos foram traduzidos para o português e oferecem as chaves e um extenso 'glossário' dos símbolos usados nas alegorias bíblicas, bem como exemplos de sua utilização na interpretação de textos do Antigo e do Novo Testamento. Essas chaves e os símbolos divulgados são como tesouros escondidos no campo: aquele que os encontrar e utilizar ficará imensamente mais rico, espiritualmente.

---

[50] James Kugel e Rowan Greer, *Early Biblical Interpretation* (Philadelphia, Westminster, 1986), p. 81.

Essas quatro chaves para a interpretação bíblica são resumidas a seguir e exemplificadas adiante:

1. Tudo o que é apresentado como ocorrendo no exterior, ocorre no interior do homem. Seu significado espiritual é mais psicológico do que histórico.

2. Os personagens de cada história ou passagem representam os diferentes aspectos do ser humano, com suas qualidades, poderes e defeitos.

3. Cada passagem descreve uma determinada etapa no caminho da alma em sua jornada rumo à perfeição final, descrita como o retorno à Casa do Pai.

4. Os nomes, números e certos objetos mencionados têm significados simbólicos, sendo esses significados constantes ao longo do tempo e em todas as tradições.

As mensagens relacionadas com a transformação interior que deve ocorrer para que o ser humano possa evoluir do estágio atual para a meta da perfeição, não significa que aquelas passagens não tiveram uma fundamentação histórica. Ao contrário, os autores dos livros da Bíblia procuraram aliar história com o ensinamento sagrado. Em alguns casos, porém, as histórias relatadas foram criadas especificamente para transmitir as verdades eternas que deveriam fazer parte do fluxo de ensinamentos que estavam sendo ministrados. Uns poucos exemplos de interpretação servirão para dar uma ideia de como o uso das chaves revela ensinamentos profundos escondidos por trás da linguagem alegórica.

A passagem em Mt 21:2-11 sobre a entrada messiânica de Jesus em Jerusalém montado num jumentinho é geralmente considerada como irrelevante por muitos cristãos. Porém, quando devidamente interpretada, revela importante ensinamento. O fato de a passagem ser mencionada nos quatro evangelhos é indicativo de sua importância histórica. Os judeus tradicionalmente faziam uma peregrinação ao templo de Jerusalém nas grandes festas. Jesus foi para a comemoração da Páscoa, quando acabou sendo preso e morto. No contexto histórico-cultural, a passagem pode ser interpretada no sentido de que Jesus, como Messias, toma posse da cidade santa de Jerusalém. Seria equivalente a um comentário rabínico *(midrash)* do texto do capítulo 9 do profeta Zacarias, citado textualmente por Mateus. Assim como Alexandre, o Grande, entrou triunfalmente em Jerusalém, como libertador dos judeus, após derrotar os persas, Jesus também é recebido como 'o Messias' por ocasião da festa das tendas, que recorda a caminhada dos israelitas pelo deserto em busca da terra prometida. O povo recebeu Jesus gritando *hosana*, que quer dizer: 'liberta-nos.' Um exegeta tradicional diria que a passagem expressa o desejo popular de que Jesus fosse seu libertador político e espiritual.

Na interpretação alegórica, Jesus representa o Cristo interior em cada ser humano. Numa etapa avançada de sua jornada, a alma estará pronta para entrar na Casa do Pai, simbolizada por Jerusalém, a cidade sagrada. Mas, para que isso aconteça, deverá cumprir um requisito básico, que, nesse caso, é representado pelo jumentinho. Sendo esse animal um quadrúpede, na linguagem sagrada ele simboliza a natureza quaternária mortal do homem exterior, ou seja, seus corpos físico, energético, emocional e mental concreto. Mas o jumento é conhecido por duas características. A primeira é sua tradicional intransigência e rebeldia antes de ser domado, exatamente como a personalidade do homem. Porém, quando o animal é perfeitamente disciplinado, torna-se dócil e inteiramente obediente a seu dono. Portanto, a natureza exterior do homem deve se tornar inteiramente dócil, humilde e obediente ao seu senhor, o Cristo interior, para então servir como um veículo apropriado. A personalidade deve se tornar modesta, meiga e humilde de coração como demonstrado por Jesus. Quando isso ocorre, o homem integral, ou seja, o Cristo interior cavalgando a natureza animal (mortal) exterior, poderá então entrar na cidade sagrada, o Reino de Deus. Finalmente, o júbilo e a aclamação da multidão expressam o estado exaltado de consciência e a felicidade que são experimentados quando ocorre a elevação de consciência libertadora (hosana) representada pelo Reino dos Céus.

Outro exemplo marcante da diferença entre a leitura literal e a interpretada simbolicamente refere-se à passagem em que Jesus acalma a tempestade. Esse trecho é comum aos três evangelhos sinóticos e encontra-se em Mt 8:23-27, Mc 4:35-41 e Lc 8:22-25. Em Mateus, lemos: "*(Jesus) entrou no barco e os seus discípulos o seguiram. E, nisso, houve no mar uma grande agitação, de modo que o barco era varrido pelas ondas. Ele, entretanto, dormia. Os discípulos então chegaram-se a ele e o despertaram, dizendo: 'Senhor, salva-nos, estamos perecendo!' Disse-lhes ele: 'Por que tendes medo, homens fracos na fé?' Depois, pondo-se de pé, conjurou severamente os ventos e o mar. E houve uma grande bonança. Os homens ficaram espantados e diziam: 'Quem é este a quem até os ventos e o mar obedecem'?*"

No seu sentido literal a passagem descreve um ato milagroso, em que o Mestre, usando seus poderes teúrgicos, acalma os ventos e o mar. Jesus certamente pode ter realizado tal fenômeno. Porém, quando usamos as quatro chaves de interpretação descobrimos outro aspecto da verdade libertadora. O incidente refere-se ao estágio da evolução do homem em que a consciência crística recém desperta alterna-se com momentos de retorno à consciência comum. O que é descrito como ocorrendo no exterior passa-se no interior do homem. O barco representa o corpo físico, os discípulos os diferentes aspectos da mente e Jesus, o Cristo interior. A tempestade expressa as perturbações da mente. Assim, nas palavras de Geoffrey Hodson: "a mente do homem se torna o verdadeiro cenário tanto da tempestade como da intervenção milagrosa de um poder superior. Uma fase particular e muito importante é acentuada, a saber, a do despertar espiritual e dos seus resultados mais imediatos." "O barco da vida do homem exterior veleja," continua Hodson. "O capitão, a mente, comanda a embarcação de acordo com as regras estabelecidas que são suficientes para o cumprimento da sua tarefa... A tempestade consiste dos ventos da dúvida e das ondas do desejo e o perigo com que estes ameaçam a embarcação física do homem. Ele reconhece as incertezas e a instabilidade de uma base puramente material de viver... A tempestade mental ganha força quando a mente se torna determinada a encontrar estabilidade no meio da instabilidade das ocupações terrenas... Os discípulos quando tensos representam aspiração, determinação e despertar da intuição, e como resultado do estresse a grande descoberta é feita. A frase chave no relato de S. Mateus é o apelo dos discípulos: 'Senhor, salva-nos, estamos perecendo!' Quando metaforicamente esse apelo surge do interior do coração e da mente de um homem, começa uma nova fase evolucionária para ele."

G. Hodson apresenta, então, suas conclusões sobre a passagem: "A mente formal deliberadamente se abre para a luz e verdade das fontes profundamente interiores até então desconhecidas e desconectadas. A manifestação do espírito no homem e seu domínio sobre a matéria são representados pelo emergir do Senhor Cristo do sono no interior do barco. Como ele está adormecido e aparentemente inconsciente da crise, até ser despertado por um pedido de ajuda, assim também o poder espiritual do homem conforma-se em seu próprio mundo, cumprindo somente a vida automática que preserva as funções. Simbolicamente, o Cristo que dorme é despertado pelos discípulos expostos ao perigo ao tentarem pilotar o barco numa tempestade. Os discípulos compreendem que apenas um Ser pode salvá-los na sua grave emergência, o divino Mestre quando desperto do sono. Ele responde a esse apelo e demonstra completo controle sobre os elementos ar e água. Ocorre um encontro, seguido por uma união: espírito, mente e cérebro tornam-se uma entidade de consciência. As tempestades mentais da dúvida, da revolta contra a ignorância, impotência e instabilidade se desvanece. Reina a paz, a verdadeira paz do eterno."[51]

Um último exemplo de interpretação, dessa vez de uma parábola, pode ser útil para que o leitor possa descortinar o poder da interpretação sistemática da Bíblia para desvelar seus segredos. Uma das parábolas mais conhecidas é a do grão de mostarda. "*O Reino dos Céus é semelhante a um grão de mostarda que um homem tomou e semeou no seu campo. Embora seja a menor de todas*

[51] G. Hodson, *A Vida de Cristo*, op.cit., pp. 190-91.

as sementes, quando cresce é a maior das hortaliças e torna-se árvore, a ponto que as aves do céu se abrigam nos seus ramos" (Mt 13:31-32). A minúscula semente contém em si o germe de tudo o que, no seu devido tempo, irá surgir de acordo com sua natureza última. Por analogia, a pequenina semente representa a natureza divina no homem, tão pequenina que é invisível. Essa sementinha deve ser enterrada na escuridão da terra, ou seja, na natureza material do homem terreno. Assim como na natureza a maior parte das sementes não vingam, são poucos os homens que, na era atual, experimentam a germinação e o nascimento do Cristo interior. Como no reino vegetal, a natureza crística no homem deverá seguir pelo processo natural de crescimento sazonal, até tornar-se uma grande árvore, ou seja, alcançar a estatura da plenitude de Cristo. Quando isso ocorre, as aves do céu se abrigam nos seus ramos e, poderíamos acrescentar, alimentam-se de seus frutos. As aves do céu simbolizam os homens e as mulheres que despertaram espiritualmente e já experimentam a alegria e o esplendor dos vôos da alma. As almas despertas têm um instinto espiritual para buscar refúgio e sustento em seus irmãos maiores, como descrito na parábola.

A mudança de uma leitura literal da Bíblia para uma interpretada simbolicamente, para assim buscar o significado escondido de suas mensagens, requer disciplina e bastante prática. As obras de Geoffrey Hodson e de outros autores ajudarão a efetuar a transição de forma satisfatória. O resultado será um manancial de novos ensinamentos voltados para a transformação interior, levando, no seu devido tempo, ao nascimento do Cristo interno, a fonte da Verdade libertadora. A partir de então, os ensinamentos ocultos da Bíblia ajudarão no crescimento do Cristo interior até que o devoto alcance a perfeição, quando, então, metaforicamente poderá ascender também aos Céus.

Rituais e Sacramentos

Sabemos que todos os lugares de oração e adoração (igrejas, templos, mesquitas, capelas e oratórios) são centros de força estabelecidos no plano físico, nos quais são criadas condições especiais para permitir a livre passagem da energia e consciência do alto para o plano material e do retorno das energias geradas nesse último para o plano espiritual. "A razão da existência da Igreja, com os seus maravilhosos sistemas de forças e presenças angélicas, é prover uma usina, em que se possa acelerar a evolução tanto do homem como do anjo."[52] Isso significa que as igrejas cristãs, tanto as católicas como as protestantes têm também uma função extremamente importante na economia espiritual do planeta.

Nas igrejas católicas, os fieis contam com rituais e sacramentos poderosos que remontam a um longínquo passado e que foram depois incorporados ao ritual da missa pela Igreja. No entanto, o católico comum recebe somente uma pequena parte dos benefícios disponíveis da missa e, principalmente, do sacramento da eucaristia, porque desconhece o que se passa no lado invisível das cerimônias e, assim, não coopera com o fluxo das forças que estão sendo vertidas naqueles rituais.

Aqueles poucos seres humanos que, nas palavras de Jesus "têm olhos para ver" (o mundo invisível), ou seja, que desenvolveram o dom da clarividência superior, verificam que o Verbo, em seu infinito amor e sabedoria, serve-se de uma imensa hierarquia angelical para facilitar o trabalho de redenção do homem. Uma série de mecanismos facilitadores, em particular aqueles que envolvem rituais, é utilizada para esse propósito. Os anjos atuam como intermediários entre a energia divina e o homem. As hierarquias angélicas atuam como canais para essa energia, vertendo-a ao comando de certas palavras ou gestos de poder, fazendo com que a energia seja distribuída em todas as direções ou seja direcionada para o coração dos devotos que anseiam por ela.

Dois desses clarividentes avançados já falecidos, que eram também padres da Igreja Católica Liberal, Geoffrey Hodson e C.W. Leadbeater, registraram de forma sistemática suas visões da energia divina e da atuação das hostes angélicas durante a cerimônia da santa missa e da sagrada eucaristia. Vale mencionar

[52] Geoffrey Hodson, *O Lado Interno do Culto na Igreja* (Pensamento), p. 23

que o bispo Leadbeater, valendo-se de sua capacidade clarividente e, em alguns casos, do auxilio de anjos escreveu extenso e valioso compêndio chamado *A Ciência dos Sacramentos*.[53] A presença e o ministério dos anjos nos cultos da Igreja foram descritos nestas palavras: "Há uma ordem de anjos ligados à Igreja Cristã, que, estando dedicados ao serviço de Cristo e servindo como canais e conservadores de Sua bênção e Seu poder, assistem a todos os serviços feitos em Seu nome. Cheios de Seu amor e compaixão, procuram levar aquelas dádivas sem preço às almas dos homens; na grande celebração do mistério do pão e do vinho, eles se apresentam para que toda alma sedenta receba segundo as suas necessidades. Os homens nada sabem deles nem os veem, e assim os servidores angélicos passam despercebidos e desconhecidos."[54]

No relato de Leadbeater: "Minha atenção foi despertada pela primeira vez pela observação do efeito produzido pela celebração da Missa em uma Igreja Católica Romana numa pequena aldeia da Sicília. No momento da consagração, a hóstia cintilou com a mais deslumbrante alvura; converteu-se em um verdadeiro sol aos olhos do clarividente, e, quando o padre a ergueu por cima das cabeças dos fieis, observei dois tipos distintos de força espiritual que dela emanavam, o que poderia talvez ser tomado, numa comparação material, como a luz do sol e os raios de sua coroa. Todas as coisas relacionadas com a hóstia – o tabernáculo, a custódia, o próprio altar, as vestes sacerdotais, o véu isolante humeral, o cálice e a patena – todas se achavam inteiramente impregnadas desse poderoso magnetismo e o estavam irradiando, cada qual em seu grau."[55]

O sacramento da eucaristia é um dos profundos mistério instituído por Jesus e está ao alcance de todos fieis. Seu poder para estimular os princípios superiores do homem são

---

[53] C.W. Leadbeater, *The Science of the Sacraments* (Adyar, Chennai, The Theosophical Publishing House, 1920 e 1991).

[54] *O Lado Interno do Culto na Igreja* (op.cit.), p. 26

[55] C.W. Leadbeater, *O Lado Oculto das Coisas* (Pensamento), pp. 105 e 107.

sentidos pelas pessoas que têm um mínimo de sensibilidade. Geoffrey Hodson diz: "A celebração da Santa Eucaristia é um método cerimonial e sacramental de despertar, acelerar e liberar os poderes da Divindade em toda forma de vida. Executado com propriedade e produzindo seus resultados ideais, evoca os poderes da Santíssima Trindade profundamente ocultos em toda forma sob sua esfera de influência, no sacerdote, nos servidores, na congregação encarnada e desencarnada, nos santos anjos, nos espíritos da natureza, no material, nos edifícios e seus móveis e mesmo nos arredores naturais fora da Igreja."[56]

O efeito da energia divina é especialmente concentrado naquele que recebe a comunhão, de acordo com Leadbeater. O devoto, ao absorver a hóstia consagrada, recebe uma partícula de luz e fogo invisível, que se convertem em energia fluídica que, por sua vez, se espalha por todo o corpo do fiel, concentrando-se particularmente em certos centros de força do corpo energético, conhecidos como *chackas*. Seu corpo físico, como os outros corpos sutis (energético, astral e mental) e mesmo seus corpos superiores são estimulados pelo afluxo de força conferido pela eucaristia. O devoto que já despertou em algum grau seu corpo intuicional, ou seja, seu princípio crístico, recebe um benefício especial com a estimulação do Cristo interior por meio da bênção sacramental do corpo do Cristo transubstanciado na hóstia.

A repetida participação dos devotos nesses rituais, quer sejam evangélicos ou católicos, procurando acompanhar o significado de cada etapa da cerimônia, promove a crescente sintonização deles com o Plano Divino de redenção da humanidade. Quando essa participação é acompanhada do recebimento da Santa Eucaristia, com profunda devoção e aspiração no sentido de que o Cristo interior possa comungar com o Cristo cósmico, a meta de alcançar a Verdade libertadora estará cada vez mais perto. Por essa razão, o fiel deveria se lembrar durante a Missa e ao longo do dia que o Cristo interior oculto no tabernáculo de seu coração é tão sagrado como o Cristo invisível guardado no tabernáculo do altar.

---

[56] *O Lado Interno do Culto na Igreja* (op.cit.), p. 77

7

OS INSTRUMENTOS INTERIORES

A purificação

Vimos que o conhecimento da verdade exterior, ou teórica, é necessário, mas não suficiente para a nossa libertação. Sabemos também que a verdade libertadora só será conhecida quando comungarmos em consciência com o Cristo interior. Para que isso ocorra precisamos nos valer de instrumentos interiores. Cristo já se encontra em nosso interior. O que precisamos fazer é criar uma sintonia que possibilite a nossa consciência usual exterior alcançar o nível do Cristo interior. Esse ponto deve ser bem compreendido: numa primeira etapa, é a consciência do homem exterior que deve ser elevada ou expandida até o nível do Cristo interior. Uma vez estabelecida essa ponte com a consciência do Alto, o processo de purificação e subtilização do corpo material prosseguirá até que nosso cérebro possa captar também a luz do Alto.

A ciência moderna nos ensina que tudo o que existe no mundo é, em última análise, a expressão de uma determinada vibração. Para que possamos estabelecer a sintonia desejada com o Cristo interior, devemos criar as condições vibratórias apropriadas. Isso envolve três etapas. A primeira é a retirada de todas as vibrações pesadas incompatíveis com a presença de Cristo em nossa vida. A segunda é a criação de vibrações elevadas que facilitem nossa aproximação da Fonte da Verdade. Finalmente, deveremos estabelecer a ponte vibratória para que nossa consciência possa atravessar o abismo que existe entre o plano material e o espiritual.

Toda vibração material pesada cria uma desarmonia com o plano espiritual. A crueldade, os pecados contra a vida, a verdade e o amor, bem como os vícios são as vibrações mais pesadas, constituindo o fundo do poço da situação humana. A primeira preocupação de todo devoto que aspira aproximar-se de Cristo é proceder a uma drástica eliminação de todos seus vícios e fraquezas. Algumas pessoas poderiam questionar que alguns dos assim chamados vícios não afetam a vida dos outros, como por exemplo a gula e o fumo. No entanto, mesmo se isso fosse verdade, o que não é, esses vícios afetam a vida do devoto, em particular, afetam sua capacidade de estabelecer e manter uma disciplina de vida. Lembremos que a entrada triunfal de Cristo na Cidade Santa de Jerusalém só pode se dar com o Cristo montado num jumentinho, o quadrúpede que representa nossa natureza inferior, que deve ser inteiramente disciplinado e dócil, capaz de atender ao menor comando de seu Senhor. Enquanto houver o mais leve resquício de vício ou fraqueza em nossa natureza exterior, não estaremos qualificados para servir como veículo do Senhor para assim entrar na Cidade Sagrada, ou seja, para alcançarmos a comunhão com a Verdade.

Quando cedemos aos nossos desejos e paixões estamos nos submetendo à nossa natureza inferior, daí a necessidade imperiosa da disciplina. Quando exercemos a disciplina, quem governa é a natureza superior. Cada vitória na obtenção de uma vida disciplinada fortalece o poder da alma sobre a personalidade, acelerando o momento de glória e paz em que o Cristo interior assumirá o controle de nossa vida.

A literatura sobre a vida dos místicos está repleta de informações sobre as extenuantes e longas práticas que esses atletas espirituais estabelecem para sua purificação. Se os atletas em nosso mundo material preparam-se com tanto afinco e dedicação, treinando e revisando todas as técnicas por vários anos, para alcançar um momento passageiro de glória nas competições esportivas, como poderemos imaginar que a disciplina exigida dos atletas espirituais venha a ser menor, considerando que eles estão buscando alcançar uma glória incomparavelmente mais elevada e que jamais lhes será tirada?

Que arma deve ser usada para vencer nossas fraquezas? Essa arma é a vontade, o poder divino que atua em todos os níveis.

Sabemos que mesmo nos devotos mais ardentes existe sempre pelo menos um ponto fraco que perdura apesar de todos seus esforços e que, consequentemente, atrasa seu progresso. Chega um momento em que essa fraqueza precisa ser superada. As fraquezas do corpo relacionam-se com drogas, bebida, comida ou sexo. As da mente, com a vaidade, orgulho e impaciência. Todas elas precisam ser vencidas. O corpo deve ser inteiramente conquistado e oferecido como oblação no altar do coração ao Supremo Mestre.

Porém, alguns místicos, em seu afã de purgar o mais rapidamente possível suas fraquezas, dedicam-se a asceses extremadas voltadas para a punição do corpo. Por muitos séculos perdurou nos meios monásticos a ideia de que o corpo era o culpado pelos pecados da carne. Os místicos mais experientes sabem que no ser humano existe uma hierarquia como em todos os sistemas do mundo. O corpo é governado pelas emoções e pela mente. Portanto, são as nossas emoções e a mente que devem ser o objeto de nossa ascese. O desejo de gratificação dos sentidos, que é reforçado pela mente, é que leva o ser humano a cair repetidamente no erro. Esses desejos, com o tempo, tornam-se hábitos que passam a ser considerados como 'normais', tornando a alma prisioneira dessas tendências inconscientes.

Paulo, o grande Apóstolo, referiu-se ao poder escravizador das tendências numa passagem inesquecível: "*Realmente não consigo entender o que faço; pois não pratico o que quero, mas faço o que detesto. Na realidade, não sou mais eu que pratico a ação, mas o pecado que habita em mim. Eu sei que o bem não mora em mim, isto é, na minha carne. Pois o querer o bem está ao meu alcance, não porém o praticá-lo. Com efeito, não faço o bem que eu quero, mas pratico o mal que não quero*" *(Rm 7:15, 17-19).*

Todo ser humano já passou pela perplexidade de desejar um determinado comportamento virtuoso e agir de forma contrária. Os hábitos arraigados em nossa vida muitas vezes tornam-se vícios. Como podemos combatê-los, bani-los de nossa vida? Vale lembrar que combater um vício é a maneira negativa de lidar com a fraqueza. A maneira positiva, e muito mais eficiente, é promover a virtude oposta àquele vício ou fraqueza. Assim como a escuridão é o oposto da luz, a matéria o oposto do espírito, o vício é o oposto da virtude. As virtudes são características de nossa natureza espiritual, que têm como seu oposto, no mundo da matéria, os vícios. Portanto, quando promovemos as virtudes estamos concomitantemente rejeitando e combatendo os vícios e as fraquezas que lhes são opostos. Procure recordar-se da pessoa mais santa que você conhece; não importa quem seja essa pessoa, o que ela tem de mais marcante é uma série de virtudes que saltam aos olhos daqueles que a conhecem.

A primeira etapa da purificação visa os sentidos. A tendência para a sensualidade deve ser controlada. Isso não significa que o devoto não poderá mais sentir nenhum prazer do paladar, da audição, da visão, etc. Vivemos no mundo e estamos sujeitos a todo tipo de experiência, algumas prazerosas, outras desagradáveis e outras, ainda, indiferentes. O importante para o aspirante é superar o apego que lhe leva a buscar a repetição das experiências prazerosas. A atitude ideal é descrita como viver no mundo sem ser do mundo. O nosso foco de vida ou centro de interesse deve ser transferido do mundo material para o espiritual.

A etapa seguinte do processo de purificação refere-se ao controle das palavras. Nossas palavras afetam o mundo ao nosso redor. Em primeiro lugar, um buscador da Verdade só pode proferir palavras verdadeiras. Sabemos que em nosso mundo de falsidades passa a ser normal, e até mesmo esperado, as pequenas mentirinhas sociais. Quantas vezes já mandamos nossos filhos ou a empregada dizer ao telefone que não estamos quando aquela pessoa que estamos querendo evitar nos telefona? Uma forma de mentira, que muitas vezes passa despercebida em nossa vida diária, é o exagero ou a meia verdade. O aspirante à vida espiritual deve ter um compromisso inabalável com a verdade. Mas o pior são as maledicências. Temos o costume de falar da vida alheia, achando que é nosso direito fazer qualquer comentário que nos venha à cabeça. Quantas vezes já afirmamos coisas a respeito dos outros que simplesmente ouvimos dizer de terceiros, sem saber ao certo se eram verdadeiras ou não? E mesmo quando algo é verdadeiro, estamos sendo caridosos se repetimos as fraquezas de nosso próximo? Vale lembrar a admoestação de Tiago: "*Que seja cada um de vós pronto para ouvir, mas tardio para falar e tardio para encolerizar-se: pois a cólera do homem não é capaz de cumprir a justiça de Deus. Se alguém pensa ser religioso, mas não refreia a sua língua, antes se engana a si mesmo, saiba que a sua religião é vã*" *(Ti 1:19-20, 26).*

Nesse particular, como em todas as situações da vida, a regra de ouro é um guia confiável. Estamos falando sobre outras pessoas, coisas que não gostaríamos que os outros falassem a nosso respeito? Não podemos nos esquecer que nossas palavras devem ser verdadeiras, bondosas e úteis. Quantas palavras inúteis e fúteis dizemos todos os dias? Nesse particular, devemos ter sempre em mente o que Jesus disse sobre nossas palavras: "*De toda palavra inútil, que os homens disserem, darão contas no Dia do Julgamento. Pois por tuas palavras serás justificado e por tuas palavras serás condenado*" *(Mt 12:36).*

Mas não basta a purificação das ações e das palavras. Os nossos pensamentos têm um impacto bem maior do que geralmente imaginamos. Eles são realidades no mundo invisível do plano mental. Todo pensamento que temos sobre uma determinada pessoa busca, por afinidade, aquela pessoa e passa a influenciá-la. Portanto, os pensamentos negativos são como palavras silenciosas que contribuem para fortalecer o miasma nocivo e pesado que paira sobre nossas cidades, contribuindo para o clima de violência, pessimismo e sordidez. O controle dos pensamentos é particularmente importante para todo aquele que aspira se tornar um discípulo e servidor do Mestre. O controle da mente é, na verdade, o objetivo de um dos mais poderosos exercícios espirituais, a meditação. Teremos mais a dizer sobre isso neste trabalho.

Tendo purificado, ou pelo menos nos conscientizado da necessidade de purificação de nossas ações, palavras e pensamentos, falta ainda mais alguma coisa para ser purificada? Sim! Algo mais profundo ainda e que modifica o mérito de todas nossas ações, qual seja, nossas atitudes interiores, nossas intenções. Os ensinamentos de Jesus no Sermão da Montanha são taxativos a esse respeito: "*Guardai-vos de praticar a vossa justiça diante dos homens para serdes vistos por eles. Do contrário, não recebereis recompensa junto ao vosso Pai que está nos céus. Por isso, quando deres esmola, não te ponhas a trombetear em público, como fazem os hipócritas nas sinagogas e nas ruas, com o propósito de serem glorificados pelos homens. Em verdade vos digo: já receberam a sua recompensa*" *(Mt 6:1-2).*

A verdadeira pureza de coração é aquela em que nossas intenções e motivações interiores estão inteiramente voltadas para o bem do próximo, e não para atender a nosso próprio interesse. A pureza de coração será refletida em ações, palavras e pensamentos puros; essa verdade está refletida na passagem bíblica: "*Bem-aventurados os puros de coração, porque verão a Deus*" *(Mt 5:8).* Os puros de coração são aqueles seres simples e sinceros que agem espontaneamente sem segundas intenções. Mais uma vez temos a confirmação de que para alcançar a Verdade libertadora, expressa na passagem bíblica como a visão de Deus, temos que nos sintonizar com o Divino em nós.

A purificação mais difícil é a do egoísmo e do orgulho. Essas duas máculas, originadas do sentido exaltado de separação acompanham o homem até o limiar do portal do Reino dos Céus. Elas são os piores inimigos da alma, as mais resistentes a todas nossas tentativas de extirpá-las. A razão para isso é que o egoísmo e o orgulho estão enterrados no âmago de nossa natureza material separativista. Estão escondidos profundamente em nosso inconsciente. Precisamos trazê-los à tona, para podermos, então, lidar com eles. Os psicólogos modernos estão cientes da dificuldade de lidar com o inconsciente. Uma passagem do texto conhecido como Evangelho de Felipe aborda com especial felicidade esse tema:

"(A maior parte das coisas) no mundo, enquanto suas (partes internas) estão ocultas, ficam de pé e vivem. (Se são reveladas), morrem. Enquanto a raiz está escondida ela brota e cresce. Se suas raízes são expostas, a árvore seca. Assim ocorre com todo nascimento no mundo, não só com o revelado, mas (também) com o oculto. Porque, enquanto a raiz da maldade está escondida, essa permanece forte. Mas quando é reconhecida ela se dissolve. Quando é revelada ela morre. É por isso que a Palavra disse: 'O machado já está posto à raiz da árvore.' Ele não só cortará – o que é cortado brota outra vez – mas o machado penetra profundamente até trazer a raiz para fora. Jesus arrancou inteiramente a raiz de todas as coisas, enquanto outros só o fizeram parcialmente. Quanto a nós, que cada um cave em busca da raiz do mal que está dentro de si, e que ele seja arrancado do coração de cada um pela raiz. O mal será arrancado se nós o reconhecermos. Mas se o ignorarmos, ele se enraizará em nós e produzirá seus frutos em nosso coração." [57]

Combater as pragas do egoísmo e do orgulho diretamente pode ser um exercício frustrante, pois, mesmo quando fazemos progresso numa determinada área, se formos atentos, verificaremos que a mesma erva daninha aparecerá outra vez em novas circunstâncias de nossa vida. Como as raízes desses males derivam-se da ilusão de sermos seres separados e independentes do resto da humanidade, a única maneira de extirpá-los é desenvolvendo a verdadeira entrega a Deus. Quando desbancarmos o usurpador do trono do Rei, a personalidade egoísta, o governante de nosso mundo externo, e recolocarmos a Suprema Autoridade no poder, passando a viver constantemente como servos do Senhor, procurando em todas as ocasiões executar a vontade Dele e não a nossa, veremos que não existirá mais espaço para o egoísmo e o orgulho em nossas vidas. Teremos, então, rompido o círculo vicioso da vida mundana e entrado no círculo virtuoso do verdadeiro devoto. Seremos como sois, iluminando a todos com a sabedoria divina que estará à nossa disposição, e com o calor do amor divino aqueceremos o coração de todos os que nos cercam.

O crescimento espiritual gerado pela purificação é um processo dinâmico que nunca cessa, nunca termina. Por isso, o devoto que aspira alcançar a verdade deve estar sempre atento, bus-

---

[57] *Evangelho de Felipe*, em *The Nag Hammadi Library* (op.cit.), p. 158.

cando detectar em seu interior as falhas que porventura ainda existam, para então superá-las, e procurar no mundo exterior maneiras de ajudar o próximo, sem infringir os limites do bom-senso e do livre-arbítrio. Não importa o nível de realização espiritual alcançado, o devoto nunca deve se deixar embalar pela autossatisfação: sempre existe espaço para melhorar. Essa atitude caracteriza os verdadeiros místicos. Eles nos surpreendem com sua constante crítica de si mesmos. A necessidade de devotarmos constante atenção para a autotransformação faz com que alguns instrutores sugiram que, um pecador descontente, mas que procura a mudança, seja maior do que um Santo que está satisfeito consigo mesmo.

Jesus alertou-nos sobre a necessidade de constante atenção com as tentativas de nossa natureza inferior de retomar o controle de nossa vida. Suas palavras devem permanecer conosco, ecoando em nosso coração: "*Vigiai e orai, para que não entreis em tentação, pois o espírito está pronto, mas a carne é fraca*" *(Mt 26:41)*. Para facilitar a permanente atenção ao nosso comportamento, de forma que a purificação de nossas fraquezas seja constante e haja o mínimo de recaídas, é imprescindível a revisão diária de nossas ações, processo conhecido nos meios eclesiásticos como 'exame de consciência'. Quando estabelecemos um rígido programa de revisão diária de nosso comportamento ao final do dia, passamos a identificar as ações, as palavras e os pensamentos habituais que vão contra nossos propósitos elevados, que, de outra forma, poderiam passar despercebidos. Ora, só podemos combater os inimigos que conhecemos. Por isso, torna-se absolutamente necessário identificarmos esses inimigos insidiosos que permanecem escondidos em nossos hábitos, para que eles sejam conhecidos pelo que são: inimigos da alma. Ao identificarmos nossos hábitos negativos estaremos retirando-os do inconsciente e trazendo-os para nosso consciente, onde poderão ser percebidos, controlados e, finalmente, eliminados.

O trabalho de autotransformação é um processo penoso que demanda muita dedicação e esforço a ponto de ser comparado às doze tarefas mitológicas de Hércules. O verdadeiro progresso é lento e deve ser consolidado ao longo do tempo para que não haja recaída nos velhos hábitos. Nossa sociedade, obcecada com o corpo físico, já aprendeu que o progresso na modelação do corpo pela musculação é lento, penoso e demanda muita persistência. Mais lento e árduo ainda é o fortalecimento da alma face à inércia dos maus hábitos. No entanto, o devoto não deve desanimar de antemão, pois o bom Deus jamais coloca nos ombros de seus filhos uma carga mais pesada do que podem carregar.

Todo aquele que já tentou se livrar de algum vício ou mesmo de um hábito nocivo sabe como isso é difícil. Para essas pessoas, uma das maneiras mais efetivas para encontrar orientação e força para perseverar ao longo do processo de mudança é a participação em grupos de autoajuda, como a AAA (Associação dos Alcoólicos Anônimos), os Vigilantes do Peso, e outras associações congêneres. Esses grupos geralmente seguem a linha estabelecida pelos fundadores da Irmandade dos Alcoólicos Anônimos, que certamente receberam inspiração do Alto para aquela nobre missão de resgate de tantas almas perdidas no vício. Essas orientações, de cunho nitidamente espiritual, podem ser acompanhadas com proveito no livro *Os Doze Passos e As Doze Tradições.*[58] Os membros desses grupos conseguem, com muita dedicação e perseverança, dar a volta por cima e mudar inteiramente suas vidas. O mais interessante é que uma das principais fontes de força para permanecerem sóbrios é a ajuda que passam a dar a outros irmãos que estão lutando para livrar-se da prisão do vício. Tornam-se, com isso, verdadeiros apóstolos da boa nova de que é dando ajuda que se recebe ajuda, inclusive para vencer a fraqueza e o vício. A mudança de nossos hábitos materiais em hábitos espirituais é ainda mais difícil do que a luta contra alguma fraqueza ou vício específico, porque o inimigo nesse caso é a lendária Hidra de sete cabeças, que é o egoísmo, a fonte de todos os vícios.

---

[58] Publicado pela Junta de Serviços Gerais de Alcoólicos Anônimos do Brasil. Caixa Postal 3180, São Paulo, SP, 01060-970.

O amor

Com um sistemático programa de purgação das negatividades de nossa vida, estaremos eliminando progressivamente os obstáculos e impedimentos que nos afastam do Senhor, a fonte da Verdade. Estaremos, então, em posição de cultivar a vibração elevada que possibilita a sintonia desejada. De todos os atributos divinos, o amor é o mais distinto e tocante. A beleza, a paz, a harmonia e o conhecimento também são atributos divinos e certamente constituem vibrações capazes de nos aproximar do Supremo Bem. No entanto, o amor tem uma qualidade especial que nos atrai.

E, por que o amor nos atrai? Porque o amor é uma das energias mais primevas e básicas do mundo manifestado, podendo ser considerado como a essência da natureza divina. O amor é uma energia que surgiu no momento em que o Universo foi constituído. Quando Deus, o Uno, desejou manifestar-se como a infinidade da diversidade, criou concomitantemente uma força que harmonizasse a tendência separatista do mundo que estava sendo criado. O amor é uma expressão dessa força, conhecida como a lei universal da atração. O amor é a garantia de que o mundo manifestado seguirá o Plano Divino, passando por todas as etapas do processo de experimentação ou aprendizado inerente à diversidade, retornando finalmente para a unidade, na medida em que a força espiritual de atração do amor for vencendo a da separatividade da matéria.

A lei da atração universal manifesta-se de inúmeras formas: no mundo infinitamente grande da mecânica celestial, como a lei da gravitação universal; no mundo infinitamente pequeno dos átomos, como energia atômica; nos diversos reinos da natureza, como coesão molecular, como lei da gravidade, como afinidade química, como magnetismo, como equilíbrio ecológico, como coesão das células, tecidos e órgãos de todo organismo, enfim, como uma série de forças que atuam para que os diferentes aspectos da natureza, em todos seus níveis, possam manter sua coesão e coexistir com todas as outras coisas, num ambiente cuja tendência é a harmonia dinâmica de todas as partes, cada qual caminhando rumo à evolução.

No reino humano, em que a multiplicidade no plano físico é exacerbada pela separatividade da mente, a atuação do amor é especialmente importante. Num nível mais elementar, ele é a força que atrai os sexos opostos para que a perpetuação das espécies possa ser garantida. É a força neutralizadora do amor que cria o instinto maternal, em que a mãe, e a seu modo também o pai, passa a dedicar-se e, mesmo, a sacrificar-se por seus filhos. É a força que leva os indivíduos a se agregarem em grupos cada vez mais extensos e diferenciados, como a família, a tribo, a comunidade, a cidade, a etnia, a associação religiosa, a nação e, chegará o dia, a família humana unida e administrada como uma única nação. Quando alcançarmos a experiência do amor universal estaremos em condição de conhecer a fonte do amor, que é Deus.

O amor é infinito, mas o ser humano parece percebê-lo em camadas. Não importa quão profundo e rico seja a manifestação do amor experimentada num determinado momento, existem sempre camadas mais profundas que serão reveladas na medida em que o ser humano entregar seu coração em doação altruísta e incondicional. A experiência das camadas do amor que estão ao nosso alcance aguça nossa percepção para novos aspectos do amor.

O amor nos proporciona a armadura para vencer as mais nefastas forças desagregadoras da humanidade: o ódio e o egoísmo. Os seres verdadeiramente amorosos cativam a todos. As pessoas sentem-se instintivamente atraídas por eles. A razão por trás disso é que o âmago de nosso ser é amor, pois nossa natureza divina interior é amor, ainda que geralmente esse amor não consiga manifestar-se plenamente por estar abafado pelo domínio da personalidade egoísta. Portanto, como o semelhante atrai o semelhante, o Cristo interior em nós, o puro amor latente, sente-se atraído pelo amor exterior atuante manifestado em qualquer pessoa.

O amor incondicional de Deus pelos homens é um fato decantado pelos místicos. Uma expressão desse amor incondicional é manifestada pelo Sol, que ilumina e aquece a todos, sejam eles cristãos ou pagãos, santos ou pecadores. Jesus, ao pregar a necessidade de amarmos a todos os seres, explica que quando fizermos isso estaremos agindo como verdadeiros filhos que seguem o exemplo do Pai que está nos céus, "*porque ele faz nascer o seu sol igualmente sobre maus e bons e cair a chuva sobre justos e injustos*" (*Mt 5:45*).

Deus é amor! Ele nos ama de forma total e incondicional. Essa verdade universal e atemporal está reiterada ao longo da Bíblia, tanto no Antigo como no Novo Testamento. Algumas poucas passagens servirão para refrescar nossa lembrança e reforçar nossa determinação de permanecer no amor divino.

"*Eu amo aqueles que me amam, e aqueles que me procuram encontram-me*" (*Pr 8:17*)

"*Deus demonstra seu amor para conosco pelo fato de Cristo ter morrido por nós quando éramos ainda pecadores*" (*Rm 5:8*).

"*Que Cristo habite pela fé em vossos corações e que sejais arraigados e fundados no amor. Assim tereis condições para compreender com todos os santos qual é a largura e o comprimento e a altura e a profundidade, e conhecer o amor de Cristo que excede a todo conhecimento*" (*Ef 3:17-19*).

"*Tornai-vos, pois, imitadores de Deus, como filhos amados, e andai em amor, assim como Cristo também nos amou e se entregou por nós*" (*Ef 5:1-2*)

"*Deus é amor: aquele que permanece no amor permanece em Deus e Deus permanece nele*" (*1 Jo 4:16*).

Os místicos de todos os tempos sabem, por experiência própria, que Deus é amor, o mais puro, verdadeiro, total e incondicional amor que existe. Poderíamos imaginar que o amor de Deus experimentado pelos místicos, pelo fato deles estarem a caminho da santidade, não seria necessariamente a experiência das pessoas comuns. Puro engano. Não só as pessoas comuns, mas até mesmo algumas que cometeram ou tentaram cometer um dos maiores crimes, o suicídio, tiveram a comprovação cabal do amor incondicional de Deus por elas. Nas últimas décadas, pesquisadores vêm coletando relatos de pessoas que passaram por experiências geralmente referidas como de quase morte, ou experiência perto da morte (EPM), que revelam aspectos da vida ignorados pela maior parte das pessoas.

Talvez o mais conhecido pesquisador nessa área seja o médico americano, R.A. Moody Jr.[59] Usando, porém, os relatos contidos num livro disponível em português, podemos acompanhar a experiência de pessoas comuns que, em virtude de um acidente, uma operação cirúrgica ou mesmo um atentado contra sua própria vida, passaram pelas primeiras etapas da morte. Apesar das características pessoais desses relatos, alguns pontos comuns são observados. Quase todos descrevem o sentimento de passarem por uma espécie de túnel escuro em alta velocidade, de fazerem uma revisão extremamente rápida, mas completa, de toda sua vida, percebendo as consequências de seus atos e como que julgando a si mesmos, e, o mais marcante, a aproximação de uma luz fulgurante que é a mais forte expressão do amor que jamais experimentaram. Essa luz amorosa é geralmente descrita como Deus pela maior parte dessas pessoas. A experiência de Janet, que passou por uma EPM em consequência de uma cirurgia, foi descrita em suas palavras, assim:

"Senti uma paz total, um êxtase total. E o tempo não existia. Eu então senti que estava me movimentando muito rapidamente, no que parecia ser o espaço exterior. E eu me dirigia para uma luz muito brilhante. Parei antes de alcançar a luz. E senti essa grande presença de amor, amor absoluto. Houve então uma revisão de toda a minha vida. Lembro de olhar para ela, avaliá-la e julgá-la por mim mesma. Senti que ninguém mais me julgou – eu julguei a mim mesma. Acho que a maior vergonha que senti em relação à minha vida foi o fato de ter rejeitado totalmente o conceito de Deus. Eu não havia dado, em absoluto, nenhum reconhecimento a Deus, eu realmente não acreditava em Deus. E senti uma tamanha tristeza por ter duvidado de que Deus existia, pois Ele era tão real e tangível – a essência total do amor. Digo "Ele", mas isso é ape-

[59] Vide: *The Light Beyond* (N.Y., Bantam Books, 1988).

nas o meu condicionamento. Deus era apenas essa essência, essa essência total de amor."[60]

Jesus, ao ser perguntado qual era o maior mandamento, respondeu: "*Amarás ao Senhor teu Deus de todo o teu coração, de toda a tua alma e de todo o teu entendimento. Esse é o maior e o primeiro mandamento. O segundo é semelhante a esse: Amarás o teu próximo como a ti mesmo. Desses dois mandamentos dependem toda a lei e os profetas" (Mt 22:37-40).* Sabemos que Deus tem um plano divino, e que o propósito do homem nesse plano é realizar a sagrada missão de manifestar sua natureza espiritual em sua natureza material. Em virtude da liberdade de ação e pensamento que Deus nos concedeu (o livre-arbítrio), Seus mandamentos dirigidos à humanidade não têm um sentido de proibição ou exigência impositiva do Governante para com seu súdito. Ao contrário, refletem a suprema compaixão e sabedoria do Pai Celestial, pois visam facilitar a jornada de seus filhos rumo à realização desse plano e, consequentemente, a realização da suprema bem-aventurança de todos os seres humanos.

Procuremos examinar com mais atenção esses dois mandamentos dos quais dependem toda a lei e os ensinamentos dos profetas. O primeiro ponto que nos chama a atenção é o fato do Mestre nos instar a amar ao 'Senhor **teu** Deus'. Por que Jesus não diz simplesmente amar a Deus, expressando assim a realidade impessoal de que só existe um Deus, que é o Deus de todos os homens, de todos os seres e de todas as coisas? A expressão de Jesus, porém, nos remete ao aspecto pessoal de Deus em nós, Deus imanente, ou seja, "teu Deus." O referencial do objeto de nosso amor como sendo Deus interior, facilita a missão do homem de amar ao seu Deus interior de todo seu coração e com toda sua alma, pois Deus não mais será concebido como um Deus transcendente e, portanto, distante, mas sim como estando muito perto, na verdade, no âmago de nosso coração.

Jesus acrescenta ainda, que devemos amar a Deus "*de todo nosso entendimento.*" Nesse ponto, o Divino Mestre oferece uma

---

[60] Cherie Sutherland, *Dentro da Luz* (Editora Teosófica, 1998), pp. 229-30

abertura para que a alma expresse seu grau de amadurecimento. Qual é o nosso entendimento de como devemos amar a Deus? Como o homem foi criado à imagem e semelhança de Deus, sempre que estiver perdido ou inseguro sobre como agir diante da Divindade, seu primeiro ponto de referência deve ser a expressão terrena da Divindade, ou seja, o próprio homem. Portanto, em uma primeira aproximação, procuremos imaginar como devemos expressar o mais puro, verdadeiro e sincero amor a outro ser humano. Em primeiro lugar, deve-se procurar saber o que o outro precisa e de que gosta e, em seguida, procurar com todo empenho e, dentro do razoável, fazer o que ele gosta. Assim, o que Deus espera de nós, seus filhos, o que Lhe dá mais alegria? Não precisamos de muita imaginação para saber que o Pai celestial, que tem tudo e não precisa de nada de nosso mundo, simplesmente deseja que nós, seus filhos, sejamos felizes. Mas ele quer para nós a verdadeira e permanente felicidade e não meramente as alegrias e os prazeres ilusórios e passageiros deste mundo. Para alcançarmos essa verdadeira felicidade precisamos cumprir nossa missão no mundo, que é "*conhecermos a Verdade que nos libertará.*"

Em termos práticos, amar a Deus é nada mais nada menos do que o instrumento para conhecermos a Verdade e alcançarmos a suprema bem-aventurança. Como podemos estar certos disso? Vejamos: como Deus é a realidade última, sempre que voltamos o nosso coração e interesse para Deus estamos tirando a nossa atenção do mundo material ilusório que nos cerca e nos aprisiona. O verdadeiro amor a Deus nos transforma de seres autocentrados em seres centrados em Deus (*theoscentrados*). Esse era o ideal a que Paulo nos conclamava ao dizer que devemos deixar morrer o homem velho em nós para que o homem novo centrado em Deus pudesse nascer. Para isso devemos aceitar a dádiva de amor que Jesus nos concedeu, ou seja, seus ensinamentos voltados para nossa salvação: "*Quem tem meus mandamentos e os observa é que me ama; e quem me ama será amado por meu Pai*" *(Jo 14:21).*

Mas o nosso entendimento do amor a Deus pode ir mais além. Quem ama verdadeiramente neste mundo deseja unir-se ao objeto de seu amor. Esse deve ser também o objetivo último de nosso amor a Deus, evoluirmos do estágio em que procuramos agradá-lO, para o estágio de sermos admitidos à sua Presença e comungarmos com Ele, para finalmente alcançarmos a suprema bem-aventurança em que poderemos nos unir de forma permanente a Ele. Essa tem sido a trajetória de todos os místicos, homens e mulheres que, em todos os tempos e religiões, conseguiram, por meio de sua total entrega a Deus, superar todas as dificuldades até alcançar o Supremo Bem e tornarem-se unidos ao Bem Amado.

O segundo mandamento e que tem a mesma importância do primeiro, é: "*Amarás o teu próximo como a ti mesmo.*" É interessante notar que, em aramaico, a palavra usada para "ti mesmo" era a mesma que foi traduzida como "alma" no primeiro mandamento. A palavra era "*naphsha*" que corresponde a "*nephesh*" em hebraico. Esse termo é difícil de traduzir por uma única palavra, sendo as mais comumente empregadas: "alma," "si mesmo" e "vida." A ideia corresponde à natureza interior do homem, seu Cristo interno ou eu superior.[61] Portanto, devemos amar nosso próximo como ao nosso Cristo interior. Vemos assim, porque Jesus disse que o segundo mandamento era semelhante ao primeiro, pois o "si mesmo" é o Cristo interior, que por sua vez é o Senhor nosso Deus.

Infelizmente, alguns teólogos pregam a noção errônea de que todo homem, em virtude do 'pecado original', não passa de um ser reles, verdadeiro verme indigno do amor de Deus. Essa ideia ainda assombra e abate muitos devotos que desejam se aproximar de Deus e são tolhidos pela barreira psicológica de sua suposta indignidade. Deus não nos criou como lixo ou como vermes, mas sim como seus filhos bem amados. Se Ele nos ama de forma incondicional, nós também devemos nos amar, pois,

---

[61] Vide: *The Hidden Gospel: Decoding the Spiritual Message of the Aramaic Jesus* (op.cit.), pp. 115-117.

na verdade, somos Ele em nossa essência última. Na medida em que estivermos conscientes de que não somos nosso corpo ou nossa natureza exterior, mas sim o Cristo interior, torna-se óbvio que é um erro grosseiro nos considerarmos como vermes indignos de Deus.

Fica claro que é impossível amar a Deus sem amar nosso próximo, já que ele é também uma expressão de Deus, o Cristo interior em todos os seres. Por essa razão foi dito: "*Quem não ama seu irmão, a quem vê, a Deus, a quem não vê, não poderá amar*" *(1 Jo 4:20)*. Por outro lado, ao amarmos verdadeiramente nosso próximo estaremos também expressando nosso amor a Deus, pois nosso próximo é uma outra expressão de Deus, da mesma forma como nós somos. Essa identidade misteriosa de Cristo, como o Segundo aspecto da Trindade e como o Cristo interior em todos os homens, é asseverada na passagem em que é dito que os justos receberiam a herança do Reino: "*Pois tive fome e me destes de comer. Tive sede e me destes de beber. Era forasteiro e me recolhestes. Estive nu e me vestistes, doente e me visitastes, preso e vieste ver-me.*" E ao ser questionado pelos justos quando todas essas coisas tinham ocorrido, respondeu-lhes o Senhor: "*Em verdade vos digo: cada vez que o fizestes a um desses meus irmãos mais pequeninos, a mim o fizestes*" *(Mt 25:35-36, 40)*.

Com isso torna-se mais fácil entendermos a profundidade e abrangência da ode ao amor escrita por Paulo, muitas vezes referida erroneamente como Hino à Caridade, erro esse advindo da tradução da palavra amor no original grego, *agape*, para o latim como *caritas*, e dessa língua para o português como caridade.

"*Ainda que eu falasse línguas, as dos homens e as dos anjos, se eu não tivesse amor, seria como um bronze que soa ou como um címbalo que tine.*

Ainda que eu tivesse o dom da profecia, o conhecimento de todos os mistérios e de toda a ciência, ainda que tivesse toda a fé, a ponto de transportar montanhas, se não tivesse amor, eu nada seria.

Ainda que eu distribuísse todos os meus bens aos famintos, ainda que entregasse o meu corpo às chamas, se não tivesse amor, isso nada me adiantaria.

O amor é paciente, o amor é prestativo, não é invejoso, não se ostenta, não se incha de orgulho.

Nada faz de inconveniente, não procura o seu próprio interesse, não se irrita, não guarda rancor.

Não se alegra com a injustiça, mas se regozija com a verdade.

Tudo desculpa, tudo crê, tudo espera, tudo suporta.

O amor jamais passará. Quanto às profecias, desaparecerão. Quanto às línguas, cessarão. Quanto à ciência, também desaparecerá. Pois o nosso conhecimento é limitado, e limitada é a nossa profecia. Mas, quando vier a perfeição, o que é limitado desaparecerá" (1 Co 13:1-10).

Podemos entender agora porque Jesus, seus discípulos e evangelistas insistiram tanto na importância do amor. Ao longo do texto bíblico, inúmeros apelos são feitos para amar-nos uns aos outros (Jo 15:17), a amar-nos como Jesus nos amou (Jo 13:34 e 15:12) e até mesmo a amar nossos inimigos (Mt 5:44). Desses, amar nossos inimigos é, talvez, o mais duro teste para o verdadeiro cristão. Só conseguimos amar nossos inimigos quando nos tornamos conscientes de que nosso verdadeiro ser é o Cristo interior, e não a personalidade exterior. Então, passaremos a perceber que aquele que age como nosso inimigo é, na verdade, o Cristo aprisionado no interior de uma personalidade imatura e cega pela ignorância, que, por essa razão, é levada a odiar e agredir seu próximo (nesse caso a nós mesmos). Mas perdoar e amar nossos inimigos é também um ensinamento de grande profundidade. O verdadeiro perdão a nossos inimigos funciona como uma esponja purificadora que apaga o elo que possa ter sido estabelecido com aquele que nos persegue em virtude da operação da lei de causa e efeito. Perdão é um ato de supremo desapego da nossa natureza inferior, que clama por retaliação, e sua prática proporciona o necessário espaço para que o sentimento de compaixão do Cristo interior se manifeste.

O amor a Deus é a chave para o progresso espiritual que nos levará ao conhecimento da Verdade libertadora. Aqueles que por ventura se sentem ainda incapazes de amar ao Senhor seu Deus de todo coração, de toda alma e de todo entendimento não precisam desanimar. Sabemos que o caminho espiritual começa sempre no ponto onde estamos. Para aqueles que só conseguem amar seus pais, filhos e seu marido ou esposa esse é um bom ponto de partida. O segundo passo é aumentar a intensidade desse amor de forma altruísta. A seguir, estender esse amor a um número cada vez maior de pessoas. Chegará o momento em que serão capazes de perceber que Deus está no interior de cada ser. Nesse momento aquelas pessoas compreenderão que estão amando a Deus de acordo com seu entendimento. A partir de então só precisarão aumentar a dedicação e o grau de entrega na expressão do seu amor.

O aspirante que, ardendo de amor em seu coração, se julgar preparado a invocar as bênçãos do Senhor para conhecer a verdade libertadora deveria certificar-se se ele realmente está pronto para entregar-se inteiramente ao Senhor. Quando pedimos a Deus o maior tesouro que o homem pode possuir, ou seja, a presença consciente de nosso Bem-Amado, devemos estar prontos para dar o que até então era o bem mais valioso para nós, a nossa vida, o nosso tempo. Aquele que tudo nos dá também espera de nós tudo o que temos. Essa é a suprema renúncia que deve ser feita por todo aquele que aspira alcançar as alturas espirituais.

Nossa atitude nesse processo deve ser de entrega total a Deus. Jesus disse: "*Se alguém quer vir após mim, renuncie a si mesmo, tome a sua cruz cada dia e siga-me*" (Lc 9:23), indicando, a todos os que almejam alcançar o estado de unidade com o Pai, quais são as qualificações para isso. A primeira, é renunciar a si mesmo, significando renunciar ao mundo e à gratificação do eu – é a fase de desapego e purificação mencionada anteriormente. A segunda, é tomar sua própria cruz cada dia, aceitando sem recriminações as consequências ainda pendentes da lei da retribuição, acrescidas das provações e testes inerentes à vida espiritual. A Via Sacra pela qual Jesus passou expressa de forma contundente a cruz das provações que todos nós temos que carregar, não uma só vez, mas todos os dias, para chegar ao topo da montanha. Finalmente, seguir Jesus significa seguir seus ensinamentos e seu exemplo de vida altruísta, inteiramente dedicada à sua missão redentora. Obviamente, poucos estão preparados para esse grau de comprometimento espiritual; isso explica por que muitos são chamados, mas poucos são escolhidos (por si mesmos) para trilhar o caminho estreito que leva à Casa do Pai.

Talvez uma pequena parábola possa ilustrar as implicações de nossa aspiração pela bênção divina e a atitude que devemos desenvolver para que a possamos receber.

Um jovem monge vivia em reclusão num mosteiro isolado. Ele era muito dedicado e aspirava ardentemente alcançar a graça da experiência de Deus, mas, sendo jovem, tinha muitas ideias próprias de como as coisas deveriam ser feitas.

Um dia observou que um abacateiro no pomar, ao contrário das outras árvores, não havia produzido frutos. Sabendo que o mosteiro era pobre, pensou que uma ampla colheita de abacates iria representar uma grande dádiva para seus irmãos de claustro. Resolveu então pedir a Deus, com todo fervor, que enviasse suas bênçãos para o pequeno abacateiro para que ele produzisse muitos frutos.

E Deus atendeu a seu pedido! Na estação seguinte a árvore floriu alegremente, e, alguns dias depois, começaram a aparecer dezenas, talvez centenas de pequeninos abacates. Passaram-se as semanas e os abacates foram crescendo até que, num dia, para espanto e pesar do jovem monge, um ramo não aguentou o peso da farta produção de frutos e quebrou. Em poucos dias quebraram-se praticamente todos os galhos do abacateiro, deixando todos os monges desolados.

Nosso jovem monge não conseguia entender o que havia ocorrido. Havia pedido a Deus com toda fé sua bênção e essa lhe havia sido concedida. Mas, antes que o benefício esperado pudesse ser colhido tudo tinha sido perdido. Buscou refúgio na capela e orou com todo fervor pedindo a Deus para entender. Finalmente, depois de várias horas de profundo recolhimento, finalmente, vencido pelo cansaço parou de orar e entregou-se a Deus. Nesse momento teve a nítida impressão de ter ouvido como que uma voz silenciosa em seu coração dizendo: 'O abacateiro não estava preparado para receber a Minha bênção. Você está preparado?'

Será que já desenvolvemos a fortaleza interior necessária para receber a bênção de Deus que tanto aspiramos sem nos desestruturamos? Para alcançarmos a comunhão com Deus teremos que nos fortalecer em todos os sentidos. O exemplo do abacateiro é especialmente feliz porque todo ser humano no caminho espiritual pode ser comparado a uma árvore. Mas ele deve tornar-se uma árvore especial, divina, promovendo uma radical transformação na sua orientação de vida, que seria simbolizada por uma árvore invertida, com suas raízes voltadas para o céu e seus ramos e frutos tocando a terra. As raízes para o alto simbolizam que ele passou a buscar sustentação no mundo divino, dele tirando seu sustento interior. O pão e vinho da sagrada eucaristia que nos foram dados por Nosso Senhor simbolizam esse alimento do Alto que deve nutrir nossa vida interior. Por outro lado, devemos estar inteiramente desapegados e cientes de que nossa vida não mais nos pertence: tudo o que produzirmos, todos os frutos de nossas virtudes deverão ser colocados à disposição da família humana, portanto, os frutos da árvore invertida estarão tocando o solo, simbolizando a atitude altruísta de doação.

Esse é o sentido profundo da **metanoia**, a transformação da mente que é a radical reorientação interior de todo aquele que aspira trilhar o caminho apertado que leva à verdade. Em vez de nos firmarmos e buscarmos nosso sustento no mundo material que tão bem julgamos conhecer, devemos agir como as aves do céu e os lírios do campo, entregando nossas vidas ao cuidado do Senhor. Mas isso não significa que nos tornaremos irresponsáveis e alheios às necessidades terrenas. Passaremos a ser obreiros na seara do Senhor, dedicando nosso tempo e energia para o benefício de todos os seres, sempre com altruísmo e sabedoria, seguindo o exemplo do Divino Mestre.

Contemplação ou oração do silêncio

Em nosso processo de busca por uma crescente sintonia com o Cristo interior, a fonte da Verdade, verificamos que primeiro precisamos neutralizar as vibrações dissonantes com a Divina

Presença e, a seguir, promover as vibrações que nos aproximam de nossa meta. O último passo é soarmos a nota secreta que servirá como ponte para a travessia do abismo existente entre a terra (nossa consciência de cérebro usual) e o céu (a consciência de Deus em nosso interior). Nesse momento nos confrontamos com mais um paradoxo da vida espiritual, pois essa vibração secreta é o mais profundo silêncio, exterior e interior, em que se alcança a aquietação total da mente. O que se faz necessário para a comunicação com nosso Deus interior é o silêncio. Esse mistério já era conhecido dos antigos judeus, tendo sido revelado como: "*Aquietai-vos, e sabei que eu sou Deus*" (Sl 46:10).

Com o ritmo acelerado da vida moderna, em que o homem é constantemente atraído e entretido por coisas em seu exterior, a aquietação das emoções e da mente parece impossível, tal é o alvoroço no ambiente de trabalho, barulho em nossos meios de transporte e no ambiente familiar, com o incessante ruído da televisão, música barulhenta e chamadas telefônicas. Por isso, enquanto nossa personalidade estiver voltada para as coisas exteriores, o crescimento espiritual será mínimo, porque a porta que leva ao Cristo interior só pode ser encontrada e aberta no silêncio, que por sua vez só é encontrado quando nos voltamos para o interior.

A Providência Divina, no entanto, está sempre procurando nos fazer olhar para dentro. Infelizmente, para as pessoas comuns, isso só pode ser conseguido pela dor, devido à insistência da personalidade de viver no mundo de futilidades e coisas não-essenciais da vida moderna. A dor, seja devido a uma doença, a perda de um ente querido, a uma crise profissional ou financeira, a uma profunda decepção, sempre nos leva à introspecção e a reavaliar nossas vidas. Nos momentos de dor e crise pode despontar em nossos corações a semente da compaixão, ao verificarmos que muitas outras pessoas também estão sofrendo como nós.

Deus fala de uma forma muito especial que, às vezes, é referida como a 'voz do silêncio'. O valor da contemplação é que ela tende a produzir o estado de tranquilização, permitindo a percepção transcendental e transformando a servidão inferior, em que o homem natural vive sob a influência de seu ambiente terreno, na servidão superior da dependência consciente daquela Realidade em que "*vivemos, nos movemos e existimos*", como expresso pelo Apóstolo Paulo (At 17:28).

Nos primeiros séculos, entre os padres do deserto, como eram chamados os que abandonavam a vida nas comunidades e cidades para buscar, no recolhimento do deserto, as condições apropriadas para a experiência de Deus, surgiam vários neófitos devotos buscando também essa experiência. Ao perguntarem a seus irmãos mais experientes nessa busca o que era preciso fazer, a resposta usual era levá-lo a um poço para ver seu próprio rosto. E diziam, então, "Tu fostes criado à imagem e semelhança de Deus. Olha para ti primeiramente" e mandavam-no olhar seu rosto na água do poço. Mas enquanto o neófito olhava para a superfície da água, começavam a jogar pedrinhas na água, agitando-a. Inevitavelmente o devoto reclamava que não podia ver seu rosto na água em movimento. Ao que os instrutores respondiam: "Assim como é impossível para uma pessoa ver seu rosto em águas agitadas, também é impossível buscar a Deus se a mente estiver ansiosa, agitada e distraída."

Mesmo nos dias de hoje e para as pessoas ativas no mundo, a contemplação tem o poder de operar a alquimia interior de transformação do chumbo da natureza material do homem no ouro da percepção de sua natureza superior. Nas palavras de Frei Betto: "O contemplativo é aquele que sabe fazer silêncio no sentido etimológico de selo. O selo de Deus me guarda. Como ensina São Tomás, quanto mais vou ao encontro de mim mesmo, mais descubro em mim um outro que não sou eu e, no entanto, é o fundamento do meu existir. A descoberta de Deus é sempre mediatizada pela autodescoberta. Quando rezo, encontro um outro que não sou eu, mas que, no entanto, apela para que eu seja o meu Eu verdadeiro. A espiritualidade corrente ou institucional privou-nos desse conteúdo na medida em que doutrinarizou a experiência da contemplação. Ficamos com a cabeça cheia de discursos sobre Deus. Sabemos falar de

Deus, sobre Deus, e até falar com Deus. Mas somos analfabetos quando se trata de *deixar Deus falar em nós*."[62]

Vejamos, portanto, em que consiste essa prática específica que permite a Deus falar em nós. Essa prática é a meditação, muitas vezes referida na tradição cristã como a oração do silêncio, ou contemplação. A prática da meditação é apresentada na Bíblia de forma alegórica. Jesus, contrastando a postura daqueles que chama de hipócritas por fazerem suas orações nas sinagogas e em lugares públicos para serem vistos, exorta seus seguidores a fazer suas orações em recolhimento: "*Tu, porém, quando orares, entra no teu quarto e, fechando tua porta, ora ao teu Pai que está lá, no segredo; e o teu Pai, que vê no segredo, te recompensará*" (Mt 6:6).

As palavras do Mestre transmitem um ensinamento profundo, quando devidamente entendidas. O que é apresentado como sendo externo, o quarto de dormir, refere-se a algo interno, a caverna do coração. Jesus nos exorta a pôr nossa atenção no âmago de nosso ser, simbolizado pelo coração. Fechar a porta, significa fechar a entrada das percepções do mundo exterior, inclusive o fluxo de pensamentos, para o recôndito da consciência. Orar em segredo ao Pai significa permanecer em absoluto silêncio, sem palavras e pensamentos, no que é conhecido na tradição monástica como o estado de contemplação. Com essa total aquietação da mente criamos as condições para que a pura luz da intuição possa atravessar nossa mente e gravar em nosso cérebro o conhecimento da Verdade, a maravilhosa recompensa prometida pelo Pai.

Os místicos de todos os tempos praticaram a meditação contemplativa ainda que se referissem a ela por vários nomes. Muitos escritores durante os primeiros séculos do Cristianismo fizeram referência a ela.[63] S. Pedro de Damasco, um dos padres da igreja primitiva, escreve: "Somente o silêncio engendra o conhecimento de Deus, pois ele é da maior ajuda mesmo para os mais

---

[62] "Amor e justiça como frutos da espiritualidade" em *Mística e Espiritualidade* (op.cit.), pp. 34-35.

[63] Vide: Palmer, Sherrard & Ware (tr.), *The Philokalia* (Faber and Faber), 4 vol.

fracos e para aqueles sujeitos às paixões. Ele capacita os devotos a viverem sem distrações e a retirarem-se da sociedade humana, dos cuidados e encontros que obscurecem o intelecto."[64]

Para que o devoto possa alcançar a experiência de Deus, ele não precisa acrescentar nada à sua vida. Ao contrário, precisa retirar todo ruído, toda interferência exterior, todas as imagens e projeções que ele tem de Deus. A voz do silêncio com que Deus fala aos seus filhos diletos é uma palavra misteriosa, como sugere mestre Eckhart: "Essa palavra é uma palavra oculta e chega na escuridão da noite. Para entrar nessa escuridão retire todas as vozes e sons, todas imagens e semelhanças. Pois nenhuma imagem jamais alcançou as fundações da alma onde o próprio Deus atua com seu ser."

As referências à oração do silêncio de Teresa de Ávila, em seu livro: *Castelo Interior ou Moradas*,[65] são extremamente reveladoras. Ela descreve a oração do silêncio como uma entrega total da alma a Deus. A alma deve agir como um bicho da seda que se recolhe ao silêncio de seu casulo para morrer e assim transformar-se numa linda borboleta, como disse Santa Teresa: "Olhai esta alma, à qual Deus suspendeu totalmente o intelecto e os sentidos, deixando-a abobada, a fim de lhe imprimir melhor a verdadeira sabedoria. Durante o tempo em que dura esse estado, não vê, não ouve, nada entende. Esse tempo é sempre breve e parece-lhe ainda mais breve do que realmente é. De tal forma Deus se imprime a si mesmo no interior dessa alma que, ao sair daquele estado, voltando a si, de nenhum modo duvida de que esteve em Deus e Deus nela."[66]

João da Cruz[67] talvez tenha inspirado o retorno dessa prática para grande número de fieis dentro da Igreja Católica em nossos dias. Com sua linguagem poética ele consegue de alguma forma transmitir a experiência da alma em busca do Bem Amado

---

[64] *The Philokalia* (op.cit.), vol III, p. 107.

[65] Santa Tereza de Jesus, *Castelo Interior ou Moradas* (Paulus)

[66] Ditto., p. 104.

[67] João da Cruz, *Obras Completas* (Petrópolis, Vozes, 1996), pp. 823-930.

nos mundos sutis em que Ele se encontra: "Se está em mim aquele a quem minha alma ama, como não o acho nem o sinto? A causa é estar ele escondido, e não te esconderes também para achá-lo e senti-lo. Quando alguém quer achar um objeto escondido, há de penetrar ocultamente até o fundo do esconderijo onde ele está; e quando o encontra, ficar também escondido com o objeto oculto. Teu amado Esposo é esse tesouro escondido no campo de tua alma, pelo qual o sábio comerciante deu todas as suas riquezas (Mt 13:44); convém, pois, que, para o achares esquecendo todas as tuas coisas e alheando-te a todas as criaturas, te escondas em teu aposento interior do espírito; e, fechando a porta sobre ti (isto é, tua vontade a todas as coisas), ores a teu Pai no segredo. E assim, permanecendo escondido com o Amado, então o perceberás às escondidas, e te deleitarás com ele às ocultas, isto é, acima de tudo o que pode alcançar a língua e o sentido."[68]

Mas o que o devoto encontrará nesse silêncio? Os místicos que alcançam e se adentram nesse território desconhecido da mente humana têm dificuldade para descrevê-lo, em virtude das percepções inusitadas à sua consciência usual. A grande dificuldade é que a personalidade não está familiarizada com essas experiências e não tem termos de referência para elas, seja em seu mundo material seja em termos de seu sistema de pensamento. Por exemplo, uma pessoa que nunca tivesse ouvido uma grande sinfonia de um dos gênios da música não teria termos de comparação para descrevê-la objetivamente. A única coisa que poderia fazer seria dizer o que sentiu ao ouvi-la. Essa é a principal razão porque as expressões de sentimento são preponderantes nas descrições do estado contemplativo.

Vejamos, como o grande místico alemão Tauler, descreve esse estado: "As grandes extensões desertas encontradas nesse território divino não têm imagem, nem forma, nem condição, pois elas não estão nem aqui nem lá. Elas são semelhantes a um abismo insondável, sem fundo e flutuando em si mesmo. Mesmo

---

[68] João da Cruz, *O Amor Não Cansa Nem se Cansa* (S.P., Edições Paulinas, 1993), pp.14-15.

com a água indo e vindo, para cima e para baixo, agora afundando num buraco, de forma que parece que não existe água ali, e logo a seguir surgindo repentinamente como se fosse engolfar tudo, assim ocorre nesse Abismo. Esse, verdadeiramente, é muito mais o lugar de moradia de Deus do que o céu imaginado pelo homem. O homem que realmente deseje entrar certamente encontrará Deus ali, ficando ele mesmo simplesmente em Deus, pois Deus nunca se separa desse território. Deus estará presente com ele, e ele encontrará e se regozijará da eternidade aqui. Não existe passado nem presente aqui, e nenhuma luz criada pode alcançar ou brilhar nesse território divino. Somente aqui se encontra o lugar da morada de Deus e seu santuário."[69]

Com o passar do tempo, a repetição da prática da contemplação leva a alma a passar por experiências cada vez mais profundas e transformadoras. Santa Teresa, falando de um nível de experiência interior ainda mais profundo do que o citado anteriormente, diz que chega um determinado momento em que o Divino Esposo decide levar a noiva (a alma) como num rapto: "Quando começa o rapto, ela perde o fôlego. A tal ponto que, mesmo quando conserva os outros sentidos por um pouquinho de tempo – como acontece algumas vezes – não pode absolutamente falar. De outras vezes perde todos os sentidos de repente. Esfriam-se-lhe as mãos e o corpo, de modo que parece não ter mais vida. Nem se sabe se ainda respira. Dura pouco tempo sem mudança. Diminuindo um pouco a suspensão, parece que o corpo vai tornando a si e cobrando alento. Mas logo torna a morrer, para dar mais vida à alma. Contudo, esse êxtase tão grande não dura muito."[70]

A meditação do silêncio, apesar de sua simplicidade, tem o potencial de proporcionar benefícios incalculáveis a seus praticantes. Vários livros foram escritos a respeito dessa prática.[71] A

[69] Citado por E. Underhill, em *Mysticism* (op.cit.), p. 339.

[70] Ditto., p. 166.

[71] A prática da meditação contemplativa vem sendo cada vez mais difundida, principalmente por membros das ordens monásticas, como Thomas Merton, W. Johnston, Thomas Keating, William Menninger, John Main e Laurence Freeman.

oração do silêncio, resgatada dos primórdios da tradição cristã, depois de ter sido esquecida por vários séculos, vem sendo apresentada em linguagem moderna em duas vertentes principais: a da ordem cisterciense e a dos beneditinos. Ambas declaram que a prática foi originalmente ensinada por Jesus e praticada extensamente pelos padres do deserto.

Depois de esquecida ou não mencionada na literatura, por vários séculos, foi resgatada no século XIV por um autor anônimo, provavelmente um monge, que escreveu uma das obras mais influentes entre os místicos conhecida como *A Nuvem do Não-Saber.*[72] Membros da ordem cisterciense, com base na *Nuvem do Não-Saber,* desenvolveram a técnica que eles tornaram conhecida como oração centrante.[73] A ordem cisterciense, também conhecida como trapista, estabeleceu grupos de oração centrante atuando em vários países, sendo que suas práticas meditativas e atividades de retiro podem ser conhecidas até mesmo pela Internet.[74]

O método da oração centrante é simples e visa promover o silêncio interior. De forma resumida,[75] escolhemos em primeiro lugar uma palavra simples, à qual atribuímos um valor sagrado. Essa palavra simboliza nosso consentimento à presença e ação de Deus em nosso interior. Ela deve tocar nosso coração com algum significado ou aspecto divino, tal como luz, paz, amor, Senhor, Jesus, Pai etc. Sentado confortavelmente e com a coluna ereta, o devoto deve procurar o silêncio interior, na câmara se-

---

[72] *A Nuvem do Não-Saber* (Edições Paulinas).

[73] Um dos livros mais conhecidos da Ordem Cisterciense, em que a prática contemplativa é apresentada em referência ao livro do século XIV, é de autoria de William A. Meninger: *The Loving Search for God* (N.Y., Continuum, 1994). Três obras valiosas sobre a técnica foram publicadas por Thomas Keating: *Invitation to Love, Open Mind Open Heart* e *Crisis of Faith, Crisis of Love*, todos publicados pela editora Continuum de N.Y. Outros livros desta técnica, disponíveis em português, são de Basil Pennington, *Oração Centrante* (Palas Atena, 2002) e de Thomas Keating, *Intimidade com Deus* (Paulus).

[74] Vide sites: http://www.oracaocentrante.org e http://br.geocities.com/padresdodeserto

[75] Vide: 'Exercícios e Práticas Espirituais' em, *Os Ensinamentos de Jesus e a Tradição Esotérica Cristã* (op.cit.), pp. 289-297.

creta do coração, onde Jesus disse que se encontra o 'Pai em segredo.' Quando percebermos pensamentos aflorando em nossa mente, devemos enunciar mentalmente, de forma lenta e suave, a nossa palavra sagrada; com muita paciência, devemos repetir essa palavra sagrada todas as vezes que percebermos pensamentos em nossa consciência.

O termo 'pensamento' é usado para englobar toda percepção, incluindo as percepções dos sentidos, sentimentos, imagens, memórias, reflexões ou comentários. Qualquer que seja o 'pensamento', devemos retornar sempre, gentilmente, para a palavra sagrada; essa é a única atividade que iniciamos durante a meditação do silêncio. Mesmo que aparentes percepções ou ideias interessantes possam aflorar durante o exercício contemplativo, elas não devem ser elaboradas, mas simplesmente deixadas passar, voltando-se ao silêncio mental.

Um dos mais ativos divulgadores da oração centrante, William Meninger, monge da ordem trapista, que obviamente alcançou profunda realização mística por meio da contemplação, utiliza uma alegoria imaginativa, nos moldes da linguagem sagrada descrita anteriormente, para descrever as dificuldades que serão encontradas pelo devoto para firmar-se na contemplação. Ele descreve as principais fontes de atividade da mente, como quatro irmãs que moram numa pequena casa, o corpo humano. A mais ativa chama-se Intelecto. Ela passa a maior parte do tempo na sala da frente, bem iluminada e com a porta aberta para receber todo visitante que possa trazer algum tipo de verdade. E muitos visitantes chegam a todo instante. A segunda irmã, Dona Vontade, é cega e vive no quarto dos fundos, sem janelas e sempre escuro. Dona Intelecto percebe as verdades com seus sentidos e leva as mais significativas para sua irmã, Dona Vontade, que, sendo cega, abraça-as com fé e amor. As duas outras irmãs, Dona Memória e Dona Imaginação, vivem no porão cercadas de fotos e filmes. Estão constantemente buscando materiais que julgam ter o poder de ajudar suas irmãs na busca da verdade. Porém, realmente atrapalham mais do que ajudam, por isso suas irmãs procuram mantê-las trancadas no porão quando estão seriamente engajadas na procura da verdade. Somente quando Memória e Imaginação ficam quietas no porão sem interromper o trabalho de suas irmãs no nível térreo, e quando Dona Intelecto está dormindo, é que Dona Vontade consegue, sem ser perturbada, fazer progresso em sua busca silenciosa da Verdade.[76]

A vertente da oração do silêncio difundida pela ordem dos beneditinos é muito semelhante a dos trapistas. Sua característica marcante é o uso da palavra *maranatha* durante a meditação. Essa palavra aramaica significa 'vem Senhor', sendo mencionada ao final da Primeira Carta aos Coríntios e no final do Apocalipse de João. A meditação deve ser realizada duas vezes ao dia, com duração de 20 a 30 minutos. O meditador deve sentar-se ereto, fechando levemente os olhos e mantendo-se relaxado, mas alerta. De forma silenciosa em seu interior, deve repetir a palavra *maranatha*, recitando-a lentamente como quatro sílabas de igual comprimento: *ma - ra - na - tha*. Não pense nem imagine nada. Se vierem pensamentos ou imagens à sua mente durante a meditação, são distrações. Volte simplesmente a repetir *ma - ra - na - tha*. O uso dessa palavra poderosa tem a vantagem de nos colocar em sintonia com a vibração de devoção de muitos milhares de místicos que a usaram ao longo dos séculos. Essa vibração de amor e entrega a Cristo, repetindo constantemente nosso apelo: "Vem Senhor," não deixará de produzir seu fruto esperado.

A ordem dos beneditinos, sob a liderança do monge Laurence Freeman, continuador do trabalho de John Main, que introduziu a técnica, vem promovendo ativamente essa prática, conhecida como 'meditação cristã'. Uma instituição sediada em Londres, conhecida como *World Community for Christian Meditation*, foi criada para promover retiros de fim de semana e ensinar a técnica, com várias práticas dirigidas e apresentação de palestras sobre vários aspectos da meditação. Eles procuram estimular a criação de grupos de meditação, existindo atualmente

---

[76] William A. Meninger, *The Loving Search for God* (N.Y., Continuum, 1994).

mais de mil desses grupos em mais de 40 países. No Brasil é conhecida como Comunidade Mundial de Meditação Cristã. [77]

Nas palavras de John Main: "A visão cristã da vida é a unidade. Essa é a ideia por trás da disciplina da meditação. Seu objetivo é perceber que toda a humanidade foi unificada naquele que está unido com o Pai. Toda a matéria e toda criação também é atraída ao movimento cósmico em direção à unidade que será a realização da harmonia divina. Na união nos tornamos aquele que fomos chamados a ser. Somente na união sabemos plenamente quem somos." A conquista interior da percepção da unidade levou os líderes da Comunidade, inicialmente John Main e, após seu falecimento, Laurence Freeman, a promover ativamente o diálogo com outras religiões. Um resultado desse trabalho de aproximação religiosa foi a publicação do livro do Dalai Lama versando sobre uma perspectiva budista dos ensinamentos de Jesus, com o título de *The Good Heart*,[78] que tem uma introdução com apresentação do contexto cristão pelo padre Laurence Freeman.

A jornada interior no território do silêncio é longa e árdua. Muitos neófitos desistem porque acham que não estão progredindo após algumas semanas e mesmo meses de prática, pois não percebem resultados exteriores. Sabemos, pela lei da ação e reação, que todo ato tem suas consequências. Assim, nossos esforços na meditação certamente têm seus resultados interiores, ainda que não sejam notados por nossa consciência. Os meditadores avançados ensinam-nos que, com a prática continuada da meditação, a matéria de nosso cérebro vai sendo paulatinamente purificada e energizada, acumulando as condições necessárias até que, num determinado momento, a massa crítica é alcançada e ocorre o vôo da alma rumo ao céu infinito.

Quando se alcança o silêncio interior começa a vida contemplativa do místico. Nas palavras de um místico moderno bem conhecido, a prática contemplativa "é a vocação para a união

---

[77] Com o site eletrônico: www.wccm.com.br.

[78] Publicado pela Editora Wisdom Publications em 1996.

transformadora, para o cume da vida mística e da experiência mística, para a verdadeira transformação em Cristo, para que Cristo vivendo em nós e dirigindo todas nossas ações possa Ele mesmo fazer com que os homens desejem e busquem aquela mesma união exaltada da alegria, da santidade e da vitalidade sobrenatural irradiada por nosso exemplo, ou melhor, por causa da influência secreta de Cristo vivendo em nosso interior em completa posse de nossas almas."[79]

Para concluir, o devoto deve estar ciente de que o trabalho de aquietação da mente é o maior desafio de todos aqueles que buscam a Deus no âmago de seu ser. Os místicos algumas vezes levam vários anos para alcançar os resultados esperados. Parece que nossa natureza inferior luta contra o estabelecimento desse silêncio interior, sentindo instintivamente que o ambiente de recolhimento, totalmente contrário a sua hiperatividade usual, causará sua morte figurativa, ou seja, fará com que seu domínio sobre o ser humano seja perdido para a alma. Por isso, somente com muita persistência e determinação será possível alcançarmos o silêncio interior e, assim, entrarmos no território sagrado onde Deus nos aguarda.

[79] Thomas Merton, *A Montanha de Sete Andares* (N.Y., Harcourt, Brace & Co., 1948), p. 418

8

O CRISTIANISMO PRIMITIVO E O MUNDO MODERNO

Nossa breve jornada pelo Cristianismo primitivo não foi motivada por saudosismo, nem pela intenção fundamentalista de resgatar o que poderia ser considerado como os ensinamentos mais fidedignos do Mestre, e muito menos por uma tentativa de restabelecer a verdadeira história dos primeiros tempos da tradição cristã. Importou-nos, sim, a relevância do Cristianismo original para os dias de hoje. Estamos absolutamente convencidos de que os ensinamentos essenciais de Jesus são tão relevantes e contundentes para nossa sociedade moderna como foram para os primeiros seguidores do Caminho. Seu resgate poderia ser considerado como uma obra da Providência Divina.

Em nosso mundo cristão falamos com frequência sobre a Providência Divina e o Plano Divino sem dar muita consideração a como eles são arquitetados e executados. Para a maior parte dos cristãos parece haver uma ideia inocente e romântica de que Deus, ainda que onipresente, está sempre pessoalmente ocupado com todos os detalhes de Seu plano, realizando todos os acertos de rota e executando todas as ações relacionadas com o que chamamos de Providência Divina. Apesar de Deus ser incognoscível e Seu mundo ser impenetrável para nossas mentes, existem indícios de que a imagem corrente a respeito da ação divina em nosso mundo não passa de mais uma ingenuidade dos homens a respeito do Pai Celestial.

A Bíblia revela-nos que a primeira ação de Deus foi a criação do céu e da terra (Gn 1:1). Mas é preciso entender o que significa Deus na Bíblia, para antes se ter uma ideia aproximada do entendimento da criação. A palavra hebraica traduzida como Deus era *elohim*, um termo coletivo que expressa a totalidade dos grandes arcanjos criadores, referidos na tradição da cabala judaica como *sephiroth*. Portanto, o que chamamos de Deus atua em nosso mundo, desde o princípio, por meio dessa coletividade de excelsos seres criadores. Isso significa que toda ação divina, desde a criação do mundo até os atos bem mais simples das graças concedidas aos humanos na vida diária, é realizada por uma grande hierarquia de seres celestiais. Os seres humanos ao completar sua missão em nosso mundo, alcançando a perfeição, também ingressam nessa hierarquia que é referida como a Comunhão dos Santos, a irmandade dos grandes seres que alcançaram a união com Deus e comprometeram-se a ajudar na libertação de seus irmãos que ainda vivem como prisioneiros da ilusão na Terra. O instrutor supremo dessa irmandade é Cristo, que, por um mistério que desafia nosso entendimento, também atua no interior de nossa alma. Ele prometeu nos proteger ao longo do caminho até atingirmos a meta: "*Eis que eu estou convosco todos os dias, até a consumação dos séculos!*" (Mt 28:20).

São esses auxiliares divinos que, em nome da Autoridade Suprema, zelam pelo progresso da humanidade procurando guiá-la dentro dos ditames estabelecidos pela lei de causa e efeito e em conformidade com a liberdade concedida aos seres humanos por meio do livre-arbítrio. Nossos divinos benfeitores, conhecendo as forças cósmicas inerentes aos grandes ciclos e percebendo com sua presciência as tendências das principais correntes de civilização na Terra, procuram inspirar e ajudar aqueles indivíduos que estão engajados em atividades que podem favorecer o progresso da humanidade. Podemos imaginar, portanto, que o avanço do mundanismo e da intolerância nos últimos séculos deve ter ensejado atividades corretoras de nossos guias celestiais, na forma de ideias e movimentos voltados para reverter a crescente tendência materialista da vida moderna, que reforça o egoísmo e aprofunda o senso de separação entre os seres humanos. Por meio de movimentos práticos e ideias seminais, a hierarquia divina procura orientar o homem para uma vida mais fraterna, pautada na justiça, verdade e amor, para que o ideal supremo da unidade possa ser compreendido e vivenciado por um número cada vez maior de pessoas. Essas transformações parecem precursoras da esperada Era de Aquário que, nas palavras de um estudioso, "já começou com uma liberação de poder cósmico e imagens arquetípicas. Essa liberação de poder está lentamente abrindo seu caminho 'para baixo', produzindo uma radical reviravolta em todas as instituições e formas culturais que vinham se desenvolvendo durante a Era de Peixes."[80]

Para corrigir as injustiças acumuladas e consolidadas ao longo dos séculos de autoritarismo, desmandos e prepotência das autoridades seculares e religiosas, almas íntegras e justas foram levadas a criar um número crescente de movimentos para reverter essas injustiças. Para contrapor o egoísmo do homem comum e principalmente das autoridades constituídas, milhares de almas mais evoluídas foram inspiradas a levar adiante atividades altruístas e assistenciais. Para superar a ignorância em todos os níveis, que inibe o entendimento humano dos processos naturais e divinos em nosso mundo, almas iluminadas ofereceram novas concepções e ideias para explicar as leis e os processos que regem a vida. Se observarmos atentamente poderemos identificar algumas tendências nesses movimentos.

Esses movimentos de caráter político e social parecem remontar aos ideais da Revolução Francesa, sintetizados no lema: "Liberdade, Igualdade e Fraternidade." A ênfase inicial do processo transformador da sociedade moderna foi em direção à liberdade, tanto de pensamento como política. Em seguida surgiram os movimentos voltados para a promoção do direito natural de igualdade política e social, mais tarde estendido para a igualdade de oportunidades. Os avanços na aceitação e vivência da fraternidade no seio da família humana foram mais lentos, provavelmente indicando a necessidade de transformações interiores ainda mais profundas para a vivência da verdadeira fraterni-

---

[80] Dane Rudhyar, *Preparações Ocultas para uma Nova Era* (Pensamento), pp. 128-9.

dade. Um dos movimentos precursores da fraternidade foi a Sociedade Teosófica, fundada em 1875, tendo como seu primeiro objetivo, "formar um núcleo da Fraternidade Universal da Humanidade, sem distinção de raça, credo, sexo, casta ou cor."

A conquista da independência dos Estados Unidos da América, no século XVIII, iniciou o processo de desmonte dos impérios coloniais, ao longo dos séculos XIX e XX. A concessão de independência às ex-colônias, ainda que geralmente sob pressão de movimentos revolucionários locais, foi um grande passo na promoção da liberdade. O processo de descolonização do mundo moderno foi fruto de muita luta, sangue, suor e lágrimas. Os movimentos revolucionários pela independência foram inicialmente considerados anárquicos e subversivos pelas autoridades constituídas, até que o direito à autodeterminação passou a ser reconhecido internacionalmente.

A restrição ao poder do mais forte de impor sua vontade a outros povos por meio da força das armas foi uma grande conquista para a paz. Essa conquista, na verdade, reflete o cansaço das grandes potências depois das guerras europeias do século XIX, seguidas pela Primeira Guerra Mundial, que levou à criação da Liga das Nações. Esse Organismo, infelizmente, não conseguiu impedir a eclosão da Segunda Grande Guerra, em 1939, mas serviu de base para a criação da Organização das Nações Unidas, em 1945, mais forte e atuante, após o termino daquele sangrento e inútil conflito, que ceifou milhões de vidas. Outros organismos internacionais de cunho regional foram mais tarde estabelecidos.

Uma maneira nova de ver o mundo de forma holística e sistêmica, como uma coletividade, ou mesmo como uma aldeia global, está se tornando corriqueira entre os povos e muitos líderes mundiais. Dentro desse contexto, é de especial importância para o progressivo estabelecimento da união dos povos de nosso planeta a experiência bem-sucedida da União Europeia, que começou modesta como uma união dos produtores de carvão e aço na Europa Ocidental do pós-guerra, crescendo em escopo e número de países integrantes. Atualmente inclui 27 países com diferentes sistemas de governo e consideráveis desníveis de desenvolvimento econômico e social. Seu poder agregador é considerável, haja vista seu crescimento ao longo das últimas décadas e seus laços com ex-colônias, principalmente na África.

A história humana, sendo um registro das etapas iniciais do processo evolutivo, sempre esteve pautada por injustiças. As estruturas governamentais autoritárias e muitas vezes despóticas, na maior parte dos países até o século XVIII, ofereciam pouca latitude para avanços na concessão de justiça para todos. Com a progressiva *débâcle* da maioria das monarquias autocráticas no mundo ocidental e a instituição de sistemas políticos de cunho democrático, o caminho foi aberto para um lento e laborioso progresso que visa corrigir algumas das injustiças mais gritantes. Assim, o sufrágio universal com a inclusão até de trabalhadores e pessoas sem propriedade fundiária, seguido do sufrágio das mulheres e minorias étnicas, religiosas e raciais, abriu o caminho para a participação de todos os indivíduos no processo político. Todas essas conquistas também foram obtidas com grandes sacrifícios, como no caso da eliminação da segregação racial oficial nos Estados Unidos e na África do Sul, para citar dois exemplos mais conhecidos.

As atividades assistenciais sempre estiveram presentes na sociedade humana, mas no mundo atual ganharam uma dimensão inaudita. Uma consequência natural da compaixão, essas atividades podem ser encontradas hoje tanto em nível internacional como nacional, geridas por governos ou entidades privadas de cunho filantrópico. Vários organismos especializados da ONU, como o Alto Comissariado para Refugiados, UNICEF, UNIDO, FAO, Organização Mundial para a Saúde, e tantas outras entidades, vêm contribuindo de forma positiva para a melhoria das condições das populações carentes em todo o mundo. Outros organismos internacionais importantes são o Banco Mundial, o Fundo Monetário Internacional e os bancos de desenvolvimento regionais, como o Banco Interamericano. Muitos governos centrais e também governos estaduais e locais criaram programas assistenciais em benefício de suas populações carentes.

Mas as atividades assistenciais não estão restritas à esfera pública. Muitas entidades foram estabelecidas pela iniciativa privada e seu número não para de crescer. As primeiras entidades de âmbito internacional, atuando em paralelo com a ONU foram chamadas de Organizações Não-Governamentais, ou ONGs. Essa denominação é hoje utilizada até mesmo para as entidades de cunho nacional ou local, atuando em diferentes áreas, sem fins lucrativos. Entidades assistenciais internacionais como a Cruz Vermelha, Médicos sem Fronteira e CARE alcançaram renome e respeitabilidade em todo o mundo, principalmente por seu trabalho em áreas de conflito.

Um fato extremamente alvissareiro, indicativo de que um processo mundial de transformação interior está em curso, é o fato de que o egoísmo está perdendo espaço no coração do homem comum, pois é notório que um número crescente de pessoas de todos os níveis sociais está se engajando em trabalhos assistenciais como voluntários em uma infinidade de atividades voltadas para atender as necessidades das camadas mais carentes da sociedade. O Brasil é um dos líderes mundiais em número de pessoas trabalhando como voluntários. As igrejas sempre tiveram um papel ativo na assistência aos pobres. Os franciscanos têm, desde sua origem, uma vocação especial para o trabalho com os pobres e oprimidos. Algumas ordens foram estruturadas para atender doentes e moribundos. O maravilhoso trabalho de Madre Teresa de Calcutá e de sua Ordem das Missionárias da Caridade, é reconhecido em todo o mundo e chegou a receber o Prêmio Nobel da Paz.

Em paralelo com esses trabalhos assistenciais, as principais igrejas e correntes religiosas vêm promovendo encontros ecumênicos e diálogos inter-religiosos, visando quebrar as barreiras erguidas e consolidadas por tantos séculos de sectarismo. O diálogo inter-religioso oferece o potencial de demonstrar que toda a família humana tem uma filiação divina comum, como alertado por Cristo quando nos disse: "*Tenho ainda outras ovelhas que não são deste redil: devo conduzi-las também; elas ouvirão a minha voz; então haverá um só rebanho, um só pastor*" (Jo 10:16). As palavras proféticas do Salvador esclarecem que, na medida em que os seres humanos conseguirem ouvir a voz do Cristo interior, as barreiras religiosas separativas virão por terra e todos os seres passarão a ser tratados como membros da grande família humana, vivendo sob a proteção do Pai celestial.

Hoje é comum em várias partes do mundo os encontros ecumênicos organizados fora das instituições religiosas. Exemplo disso ocorre no Brasil onde um notável esforço para promover encontros ecumênicos e diálogos inter-religiosos se concretiza no 'Encontro Anual para a Nova Consciência' que há treze anos (escrito em 2004) vem acontecendo em Campina Grande, PB, durante o período do carnaval. Membros das mais diversas tradições religiosas participam desse grande evento, num espírito de verdadeira fraternidade e compreensão, aprendendo uns com os outros num clima de respeito e amor. Nessa congregação o termo 'tolerância religiosa' foi descartado, pois foi julgado ultrapassado por ser pejorativo. Os participantes aprendem por experiência própria que tolerar denota um sentimento de superioridade para com os irmãos de outras religiões. Em vez da tolerância religiosa, o objetivo ecumênico passa a ser amar e respeitar todos demais irmãos, independentemente das aparentes diferenças externas e de crença. Os participantes não cessam de se maravilhar com os exemplos de sabedoria e amor incondicional demonstrado por representantes das mais variadas religiões e tradições. Posto que o foco de nosso estudo é a tradição cristã, vale a pena mencionar dois dos mais conhecidos e estimados representantes do Cristianismo nesses encontros. O primeiro é o querido Pastor Nehemias Marien, da Igreja Presbiteriana do Rio de Janeiro; amado por todos, é um modelo de suavidade, compreensão e amor. Normalmente é referido como 'a mãe', tal o amor incondicional que transmite a todos os que dele se acercam. O segundo é o Padre Marcelo Barros, um sábio ativista e promotor do diálogo entre religiões, que vive de acordo com o que prega. Dentro desse espírito, incluiu na missa, há vários anos, no mosteiro beneditino de Goiás Velho, do qual é prior, rituais de diferentes religiões de segunda a sábado, sendo que no domingo realiza a missa católica em sua forma tradicional. Não conheço maior exemplo de coerência com o objetivo de promover a unidade entre todos os membros da família humana com total respeito por cada indivíduo, independentemente de sua crença ou sexo.

O espírito de fraternidade e senso de justiça, levou algumas correntes no seio da rígida Igreja Católica a ousar promover uma 'teologia da libertação', visando atender preferencialmente os pobres, os oprimidos e os segmentos marginalizados da população. Apesar da resistência e até mesmo perseguição sofrida por parte da hierarquia clerical,[81] grande número de membros do clero em toda a América Latina, principalmente os mais jovens, mostra simpatia pela teologia da libertação.[82] Vários programas foram organizados, dentro e fora da igreja, em sintonia com o objetivo central da doutrina da libertação. Dentre esses programas podemos mencionar a Pastoral da Criança e a Pastoral da Terra que trouxeram benefícios a muitos milhares de crianças carentes e trabalhadores sem terra no Brasil.

Esses movimentos, dentro e fora das igrejas cristãs, estão em sintonia com os ideais de renovação das estruturas arcaicas e do formalismo religioso observado no Cristianismo original. Os exemplos mencionados de membros da hierarquia clerical pregando o respeito a todas as crenças religiosas, e vivendo de acordo com suas pregações, são casos bem conhecidos, mas não são os únicos. Na verdade, uma brisa primaveril parece estar varrendo o ar estagnado por muitos séculos dentro das hierarquias clericais, promovendo mudanças ainda que seguidamente resistidas pelo conservadorismo das estruturas eclesiásticas rígidas. Esse amor ao próximo, de forma incondicional como nos foi ensinado por Jesus, contrasta com a triste prática de

---

[81] Um dos mais conhecidos casos de membros do clero que foram forçados a deixar a Igreja Romana por causa de seu compromisso com a teologia da libertação é Leonardo Boff. Para maiores detalhes de sua saga, o leitor pode referir-se ao livro desse grande batalhador: *Igreja: Carisma e Poder* (Editora Ática, 1994).

[82] Para uma amostra dessa doutrina, vide: Leonardo Boff, *Jesus Cristo Libertador* (Vozes, 1986).

grande parte dos fieis e crentes da maioria das igrejas cristãs, que continua a pensar que todos os que não aceitam suas crenças estão sob o jugo do demônio e só poderão ser salvos quando renunciarem a essas crenças supostamente demoníacas e aceitarem a Palavra ou abraçarem Jesus.

Essas atitudes de miopia espiritual e paroquialismo religioso podem levar ao fanatismo religioso, a milenar fonte de perseguições e guerras religiosas que ceifaram milhões de vidas em nome de Deus. Infelizmente essa atitude separatista continua forte em muitas igrejas, alimentada por interpretações literais da Bíblia, como a passagem: "*Pensais que vim para estabelecer a paz sobre a terra? Não, eu vos digo, mas a divisão. Pois doravante, numa casa com cinco pessoas, estarão divididas três contra duas e duas contra três*" (Lc 12:51-52 e semelhante em Mt 10: 34-36). A interpretação literal da passagem citada, apresenta Jesus como um semeador de discórdia no mundo, promovendo a divisão até mesmo entre os membros da mesma família. Como essa imagem está totalmente em desacordo com o espírito de amor encarnado em Jesus, o leitor é convidado, mais uma vez, a buscar nas chaves da interpretação bíblica apresentadas anteriormente um entendimento mais profundo e libertador da mensagem do Salvador. A passagem não se refere a uma situação exterior na sociedade e na família, mas sim uma realidade no interior de todo homem que busca o conhecimento da verdade. A casa representa o corpo físico do ser humano. As cinco pessoas que habitam essa 'casa' são a alma, o Cristo interior e o espírito, de um lado, e a mente concreta e as emoções, de outro. O Cristo interior realmente promove, numa primeira etapa, a divisão entre a natureza material do homem e sua natureza superior, procurando transferir o comando da personalidade usurpadora para a natureza espiritual interior. Mais tarde, quando o centro de gravidade da vida do homem estiver definitivamente no mundo espiritual, o objetivo passará a ser a integração de toda a natureza humana, para que o Cristo interior possa, finalmente, entrar triunfalmente na cidade sagrada, montado no burrinho da natureza material inteiramente domesticada.

As ideias, na forma de doutrinas, especulações filosóficas e teorias científicas, também contribuíram para promover o entendimento da unidade da vida e colocar a materialidade em sua devida perspectiva. Os avanços da ciência em várias áreas foram aos poucos minando os conceitos sobre a suposta realidade incontestável da matéria. As doutrinas materialistas finalmente entraram em colapso quando os cientistas provaram que a matéria pode ser transformada em energia e vice-versa. Einstein, ao enunciar sua teoria da relatividade, mostrou que todo o mundo manifestado é composto de energia, estabelecendo assim uma ponte com os místicos e grandes videntes que sempre disseram que Deus é energia. Com os avanços da física moderna, um número crescente de cientistas está chegando à conclusão de que as teorias científicas modernas estão convergindo e, em muitos casos, comprovando as observações dos místicos e iogues de todos os tempos, como indicado no livro seminal de Fritjof Capra, *O Tao da Física*, cujo subtítulo é, apropriadamente: *Um paralelo entre a Física Moderna e o Misticismo Oriental*.

Experiências com fotografias holográficas abriram um novo campo para especulações sobre a 'realidade', levando a um dos mais intrigantes paradoxos da ciência moderna, sugerido pelo renomado físico David Bohm, de que o mundo em que vivemos pode ser um mundo holográfico, ou seja, um mundo virtual, confirmando assim o que os antigos sábios já diziam, que o mundo é uma ilusão, é *maya*. "A holografia é um método de fotografia sem lentes no qual o campo ondulatório da luz espalhada por um objeto é registrado numa chapa sob a forma de um padrão de interferência. Quando o registro fotográfico – o holograma – é exposto a um feixe de luz coerente, como um laser, o padrão ondulatório original é regenerado. Uma imagem tridimensional aparece."[83] Uma característica especial do holograma é que qualquer parte da fotografia holográfica, ainda que diminuta, pode

---

[83] *O Paradigma Holográfico e outros paradoxos*, Coletânea de vários artigos organizados por Ken Wilber (Cultrix, 1994), p. 12.

neurocirurgião Karl Pribram, levaram-no a propor uma teoria holográfica do processamento cerebral, em 1971, com revolucionárias consequências para o entendimento do cérebro e das percepções exteriores obtidas pelos seres humanos.

Passando da física para a biologia e as geociências, a noção de interdependência ecológica teve considerável penetração junto ao grande público, tornando o tema da preservação ambiental de interesse tanto dos especialistas como do cidadão comum. A grande implicação para o progresso espiritual da humanidade oferecida pela ecologia é a conscientização de que tudo o que existe em nosso planeta é interdependente com todos os seres, processos e fenômenos. 'O efeito borboleta', segundo o qual tudo está relacionado, a tal ponto que até mesmo as batidas das asas das borboletas em nossas florestas podem, por exemplo, contribuir para a formação de furacões no outro lado do planeta, foi uma forma emblemática usada por alguns pesquisadores para expressar a interdependência do todo. A ecologia profunda, na qual as atividades do ser humano são inseridas no contexto da cadeia alimentar e do equilíbrio ecológico em seu sentido dinâmico, foi uma das contribuições mais significativas da ciência para o entendimento da unidade da vida.

Os movimentos renovadores, quer de forma consciente ou inconsciente, são fundamentados na unidade da vida e na interdependência de tudo o que existe. Segundo esse entendimento, as partes deficientes da grande família humana e do abrangente organismo da mãe natureza não podem ser ignoradas para que o todo possa prosseguir seu curso de forma saudável e harmônica. A ecologia profunda possibilitou o entendimento de que o progresso econômico e social só poderia continuar de forma sustentável se fosse realizado em harmonia com o meio ambiente.

Enfim, todos esses movimentos estão promovendo de forma prática o entendimento da unidade de tudo o que existe, agindo sobre aspectos deficientes do todo para que a harmonia do conjunto não seja afetada. Esses movimentos e ideias têm um fator em comum: enfocam a realidade e apresentam a unidade 'de fora para dentro'. A unidade da vida pode ser deduzida, pode ser concluída, pode até mesmo ser observada numa certa escala, porém com o ser humano sendo mantido como um observador externo.

A contribuição dos ensinamentos essenciais do Cristianismo primitivo é que ele nos leva a comprovar a unidade da vida, a unidade com o todo e com todos os seres, a partir de dentro. O místico que desperta o Cristo interior e avança na via mística até alcançar a união com Deus, tem a experiência interior da unidade. Ele deixa de ser um 'observador' externo e experimenta essa unidade diretamente, de uma forma que não pode ser facilmente explicada, pois transcende nossa mente e nossa experiência diária, precisando ser vivenciada diretamente para ser compreendida.

Portanto, o Cristianismo primitivo, juntamente com outras tradições espirituais que buscam a união com a Fonte de tudo o que existe, é especialmente relevante para a vida moderna. No mundo ocidental, o Cristianismo original é a peça chave que está faltando para aglutinar e complementar os principais movimentos progressistas do mundo moderno voltados para a paz, para a assistência aos necessitados, para o respeito às minorias, para o diálogo inter-religioso e para a preservação do meio ambiente. A experiência mística é o complemento natural dos atuais movimentos renovadores sociais e das observações da ciência de ponta.

Ao término de uma jornada o caminhante está em condições de avaliar o terreno percorrido, a meta alcançada e as implicações de sua realização. Nossa breve jornada pelo Cristianismo primitivo mostrou-nos que os ensinamentos do divino Mestre são atemporais, ou seja, são tão válidos hoje como eram nos tempos em que Jesus percorria a Palestina. O legado do divino Mestre inclui um instrumental diversificado e extremamente poderoso, capaz de ajudar todo aquele que o utiliza, não importa seu nível de progresso na senda. Tanto aqueles que aspiram uma vida mais harmônica e feliz como os que anseiam pela experiência de Deus, encontrarão o que estão buscando. A meta de todo aquele que decide entrar pela porta estreita e seguir o caminho

aquele que decide entrar pela porta estreita e seguir o caminho apertado é entrar no Reino e alcançar a iluminação. O Mestre nos assegura que alcançaremos esse objetivo quando conhecermos a verdade que liberta. Sabemos, também, que essa verdade obtida com o despertar do Cristo interior é a constatação, a experiência vivencial, de que Deus está em nós e, mais ainda, que cada um de nós e Ele somos um.

Mas, para que a luz divina possa iluminar a nossa vida, precisamos ativar figurativamente o acionador dessa fonte de luz, ou seja, precisamos dar nosso consentimento à ação divina. Como nosso Pai celestial nos criou com a capacidade do livre-arbítrio, devemos dar nosso consentimento a cada passo do caminho para a progressiva realização do Plano Divino em nós. Uma das passagens mais tocantes da Bíblia retrata esse aspecto do relacionamento do homem com Deus: "*Eis que estou à porta e bato; se alguém ouvir minha voz e abrir a porta, entrarei em sua casa e cearei com ele, e ele comigo*" (Ap 3:20). Nosso Cristo interior anuncia que está sempre aguardando de forma humilde e paciente, à porta de nossa consciência. Ele bate insistentemente e nos chama. Mas, como ele nos fala com a Voz do Silêncio, temos que desenvolver nossa audição espiritual para perceber Seu chamado. A seguir, nos será dado decidir se queremos ou não abrir a porta de nosso coração. Uma porta representa uma barreira para a entrada naquele recinto. A barreira que devemos remover para não mais impedir o acesso do Salvador ao nosso coração representa o nosso egoísmo com seus apegos ao mundo material. Quando nos desapegarmos e verdadeiramente nos entregarmos ao Senhor, estaremos abrindo a porta de nossa consciência para que o Bem Amado possa se revelar a nós. Essa revelação salvadora é simbolizada pela ceia, ou comunhão, prometida.

Uma das conclusões mais importantes de nossa jornada foi a comprovação de que cada ser humano é o responsável último por sua própria salvação. A Graça e a Verdade são colocadas à nossa disposição como um banquete divino, mas cabe a nós colocarmos os alimentos espirituais em nosso prato, para ingeri-los e digeri-los. Na vida espiritual não é possível o uso de prepostos ou procuradores, como fazemos no mundo material, em que seguidamente contratamos especialistas para resolverem os problemas difíceis ou trabalhosos que enfrentamos. No caminho espiritual podemos obter ajuda, e seguidamente ela nos é concedida, mas essa ajuda tem o caráter de uma sugestão, orientação ou oportunidade, permanecendo conosco a responsabilidade de tomar as medidas necessárias. Algumas tradições sugerem que trilhamos o caminho espiritual na companhia do resto da família humana. Alguns irmãos mais experientes estão à nossa frente e servem como guias e instrutores. Outros estão no mesmo estágio evolutivo em que nos encontramos, e caminham ao nosso lado trocando experiências num espírito fraterno. Outros ainda são almas mais novas e seguem nossos passos. Para esses devemos estar sempre prontos a estender nossa mão amiga e oferecer um exemplo de conduta amorosa, sábia e íntegra como a melhor ajuda para que eles, por sua vez, possam fazer progresso na senda.

O entendimento de que somos responsáveis por nossa própria salvação coloca em perspectiva outra noção ingênua de muitos cristãos, a saber, de que Cristo e seus santos deveriam se compadecer do sofrimento da humanidade e enviar suas graças curadoras para todos os males que assolam a família humana. Ainda que Cristo, movido pela compaixão, tenha efetuado inúmeras curas ditas milagrosas, durante seu ministério na Palestina, seu principal objetivo era, é e sempre será, promover a salvação de toda a família humana. A divina compaixão vai além da compaixão emotiva de curto prazo dos seres humanos comuns, que se preocupam mais em aliviar as dores do que em curar as doenças. O Salvador, com sua visão de longo prazo, sabedoria infinita e a mais profunda e verdadeira compaixão, estava mais preocupado em promover a saúde espiritual permanente dos seres humanos do que em aliviar temporariamente as dores e consolar os sofredores, pois sabia que as pessoas curadas milagrosamente de qualquer sofrimento, a menos que venham a mudar radicalmente de vida, voltarão a sofrer no futuro como consequência de seus atos insensatos. O divino médico nos legou um receituário para superarmos o sofrimento de forma perma-

seguirmos o caminho apertado da autotransformação até alcançarmos a verdade libertadora na união com Deus'.

Na medida em que nos conscientizamos das leis divinas e dos processos evolutivos, devemos estar atentos para a responsabilidade que pesará sobre nossos ombros na medida em que formos desenvolvendo a luz de Cristo em nós. Passo a passo, nossa inteligência, intuição, compaixão, memória, visão e audição espirituais, presciência e muitos outros poderes serão desenvolvidos. Mas, com cada graça recebida aumentará também nossa responsabilidade. A verdade é um tesouro divino, cuja beleza nos extasia e cujo poder nos liberta. Porém, no mundo divino, como no humano, o aumento de poder resulta em aumento de responsabilidade, como indicado pela parábola dos talentos e reiterado de forma explícita na passagem: *"Àquele a quem muito se deu, muito será pedido, e a quem muito se houver confiado, mais será reclamado"* (Lc 12:48). O ser humano é um instrumento de Deus na Terra, podendo optar por ser útil na seara do Senhor ou agir como um parasita, que só retira benefícios da vida sem nada retornar. Como aspirantes a discípulos do Mestre, devemos estar cientes de nossa responsabilidade para atuar na seara do Senhor.

Nossa responsabilidade deve ser exercida em duas frentes. Primeiramente assumindo a responsabilidade por nossa própria salvação. Mas, como somos parte de um todo, como somos células dentro do grande organismo da família humana, também somos responsáveis pela salvação de nossos irmãos. Esse entendimento deve nos levar a uma atitude sábia perante a vida e não sectária ou doutrinária. Nossa maior contribuição para a libertação do mundo deve ser nossa própria libertação e iluminação, que é obtida pela autotransformação. Em lugar de procurarmos evangelizar e converter nossos irmãos com crenças diferentes, devemos oferecer um exemplo de vida amorosa e sábia. Para que esse compromisso esteja sempre em nosso coração podemos repetir, sempre que possível, a frase imortalizada pelo Apóstolo Paulo: *"Já não sou eu que vivo, mas é Cristo que vive em mim"* (Gl 2:20). Para tornar mais viva a revolução transformadora de Cristo operando em nós e em todos os seres, podemos complemento operando em nós e em todos os seres, podemos complementar essa afirmação com uma invocação impessoal para que a natureza de Cristo se manifeste não só em nós mas em todo o mundo e em todos os seres, da seguinte forma:

> "Já não sou mais eu que vivo, é Cristo que vive em mim.
> E se manifesta como luz, paz, amor, harmonia e alegria.
> Assim, agora e por todo o sempre,
> Que brilhe a luz!
> Que reine a paz!
> Que o amor envolva todos os seres!
> Trazendo harmonia e a verdadeira alegria
> Para nossas vidas. Amém".

Brasília, novembro de 2013
Raul Branco
raulbranco38@gmail.com

• • • •

Informações sobre Teosofia e o Caminho Espiritual podem ser obtidas na Sociedade Teosófica no Brasil no seguinte endereço: SGAS - Quadra 603, Conj. E, s/nº, CEP 70.200-630 Brasília, DF. O telefone é (61) 3226-0662. Também podem ser feitos contatos pelo telefax (61) 3226-3703 ou e-mail: st@sociedadeteosofica.org.br - www.sociedadeteosofica.org.br.